Hans Bankl
Hiram

Hans Bankl

HIRAM
Biblisches –
Sagenhaftes –
Historisches

Edition zum rauhen Stein

Die *Edition zum rauhen Stein* hat sich die Aufgabe gestellt, wertvolle Schriften zur Freimaurerei neu aufzulegen und neue, noch nicht veröffentlichte Texte einem interessierten Personenkreis zugänglich zu machen.

Das Leben und Sterben des Baumeisters des Salomonischen Tempels wird nicht nur historisch penibel, sondern auch sehr menschlich dargestellt.
Hans Bankl spart nicht mit Hinweisen auf neue Zusammenhänge. Deshalb ist die Neuauflage des 1992 erschienenen Werkes für alle „Söhne der Witwe" unentbehrlich.

Michael Kernstock, Herausgeber

Widmung

*Rudolf Pohl,
dem Großbibliothekar der GL v. Ö.,
dem Hüter unserer Schätze aus Papier,
in treuer Verbundenheit
gewidmet*

Die Deutsche Bibliothek - CIP-Einheitsaufnahme

Bankl, Hans:
Hiram : Biblisches - Sagenhaftes - Historisches / Hans Bankl. - Unveränd. Nachdr. der Ausg. des Indult-Verl., Eichstätt 1992. - Innsbruck ; Wien ; München : Studien-Verl., 2000
  (Edition zum rauhen Stein ; Bd. 4)
  ISBN 3-7065-1440-0

© 2000 by Edition zum rauhen Stein / StudienVerlag Ges.m.b.H.,
Amraser Straße 118, A-6010 Innsbruck
e-mail: studienverlag@netway.at
Internet: http://www.studienverlag.at

Unveränderter Nachdruck der Ausgabe des Indult Verlags, Eichstätt, 1992

Alle Rechte vorbehalten. Kein Teil des Werkes darf in irgendeiner Form (Druck, Fotokopie, Mikrofilm oder in einem anderen Verfahren) ohne schriftliche Genehmigung des Verlages reproduziert oder unter Verwendung elektronischer Systeme verarbeitet, vervielfältigt oder verbreitet werden.
Gedruckt auf umweltfreundlichem, chlor- und säurefrei gebleichtem Papier

> Doch rufen von drüben
> Die Stimmen der Geister,
> Die Stimmen der Meister:
> Versäumt nicht zu üben
> Die Kräfte des Guten.

Aus „Symbolum" von J. W. Goethe

VORWORT

Freimaurerei kann man nicht aus Büchern lernen, aber ohne Bücher kann die Freimaurerei nicht verstanden werden. Allerdings: „Die Freimaurerei ist eine Kunst".

Jemand kann daher von echt maurerischem Geist erfüllt sein und die Grundsätze der königlichen Kunst in Wort und Tat einhalten, ohne genaue Kenntnis über deren Ursprünge zu besitzen. Aber erst das Können macht den Künstler, nicht das Wissen.

Unser Bestreben sollte daher sein, möglichst viele gut unterrichtete Maurer in der Kette zu haben. Eine weit verbreitete Kenntnis der geistigen Grundlagen des Bundes ist unbedingt notwendig. Auf welchem Weg sonst will jemand zu einem Bewußtsein seiner selbst und seiner Aufgabe gelangen, als durch die Kenntnis der Vorgeschichte, die ihm erst die Festlegung seines eigenen Standpunktes ermöglicht? Vergessen wir nie, daß wir nur deshalb glauben, uns so hoch oben zu befinden, weil wir auf den Schultern unserer Vorfahren stehen.

Und damit ist für mich schon die rechte Zeit gekommen, um zu danken:
Allen, die vor mir am rauhen Stein der Geschichtsforschung über HIRAM, dieser zentralen Figur der Freimaurerei, gearbeitet haben. Ohne ausführliche Benützung ihrer Studien und Werke hätte ich gar nicht beginnen können; vieles hier Niedergeschriebenes ist aus ihren Arbeiten eingeflossen.
Daher sei bereits am Beginn für folgende Schriften gedankt:

DESCH, E.: Meister Hiram.
Eleusis, 33. Jg., 181 (1978).

DÜHRSEN, H.: Über die Entstehung der Hiramlegende.
Quatuor Coronati Jahrbuch, Nr. 24, 153 (1987)

ERLER, M.: Die große Legende vom Tempelbau.
Ein Vergleich mit alten Quellen.
Ora, München 1969.

FRICK, K. R. H.: Die Erleuchteten.
Gnostisch-theosophische und alchemistisch-rosenkreuzerische
Geheimgesellschaften bis zum Ende des 18. Jahrhunderts -
ein Beitrag zur Geistesgeschichte der Neuzeit.
ADEVA, Graz 1973.

FRICK, K. R. H.: Licht und Finsternis.
Gnostisch-theosophische und freimaurerisch-okkulte Geheim-
gesellschaften bis an die Wende zum 20. Jahrhundert.
Teil 1: Ursprünge und Anfänge;
Teil 2: Geschichte ihrer Lehren, Rituale und Organisationen.
ADEVA, Graz 1975 und 1978.

GIEZENDANNER, H.: Vom verlorenen Wort.
Eleusis, 45. Jg., 71 (1990).

GROSSER, G.: Legenden in der Freimaurerei. Gedanken über die
Hiramlegende.
Eleusis, 40. Jg., 313 (1985).

KELSCH, W.: Der Salomonische Tempel – Realität –
Mythos – Utopie.
Quatuor Coronati Jahrbuch Nr. 19, 107 (1982)

KESSLER, H.: Hiram und das verlorene Wort – das Ritual des
III. Grades.
Tau I/87, 57 (1987).

LOBKOWICZ, P. F.: Die Legende der Freimaurer.
Bauhütten Verlag, Hamburg 1971.

PAULS, A.: Entstehung, Ursprung und Bedeutung des
   Meistergrades.
   Bauhütten-Verlag, Frankfurt o. J.

SELTER, G.: Das verlorene Wort.
   Eleusis, 30. Jg., 190 (1975)

TROELTSCH, E.: Die Hiram-Legende.
   Manuskript für Brr. Freimaurer.
   Krefeld 1946.

Ohne die brüderliche Hilfe von Rudolf Pohl, dem Großbibliothekar der Großloge von Österreich, der etwa 10.000 Bände maurerischer Literatur verwaltet, wäre diese Schrift nicht entstanden. Sein reges Interesse, sein steter Ansporn und sein großes Wissen haben mir sehr geholfen.

Entscheidende Einsichten vermittelte mir auch das Buch des Nicht-Freimaurers, aber großen Kenners und Freundes unserer Idee, des allzufrüh verstorbenen Professor Dr. Hans Biedermann:

   Das verlorene Meisterwort. Baustein zu einer
   Kultur- und Geistesgeschichte des Freimaurertums.
   H. Böhlau, Wien 1986.

Ich habe versucht, aus all diesen Anregungen ein korrektes Bild unseres Meisters HIRAM zu entwerfen. Die Haltbarkeit des Gebäudes der Gedanken wird zeigen, ob der Bauriß gelungen ist.

Griechenberg, im Mai 1991

Hans Bankl

INHALTSÜBERSICHT

I.	EINFÜHRUNG IN DAS THEMA	11
II.	DER HISTORISCHE HINTERGRUND	14
	1. Salomo, König von Israel	14
	2. Hiram I., König von Tyrus	15
	3. Bilqis, Königin von Saba	18
	4. Der Tempelbau	21
III.	DIE QUELLEN IM ALTEN TESTAMENT UND BEI JOSEPHUS	26
IV.	DIE VIELZAHL VON HIRAMs NAMEN	33
V.	DIE GROSSE ERZÄHLUNG VOM TELMPELBAU	41
VI.	DIE WURZELN DER MAURERISCHEN HIRAM-ERZÄHLUNG	60
	1. Die Berichte im Alten Testament	60
	2. Jüdisch-historische Überlieferung	60
	3. Außerbiblische, legendenhaft-magische Überlieferung	61
	4. Die traditionelle Überlieferung der operativen Steinmetzen	67
	5. Eine falsche Spur: die Umdeutung der HIRAM-Sage als politisches Instrument	67
	6. Die antiken Kulte und Mysterien	68
	7. Vom Symbol zum Ritual	71
VII.	DER EINBAU DER HIRAM-SAGE IN DAS RITUAL	73
VIII.	DIE HIRAM-ERZÄHLUNGEN IN VERSCHIEDENEN MAURERISCHEN SYSTEMEN	81
IX.	WER WAR HIRAM?	106
X.	MOTIVE UND SYMBOLE IN DER HIRAM-SAGE	111
	1. Das Kernsymbol: Mord und Opfertod	111
	2. Ein zweites Symbol: Das verlorene Meisterwort	114
	3. Exkurs über die Wortmagie	116

4. Die Macht des Namens   121
  5. Das neue Meisterwort   125
  6. Ein drittes Symbold:
     Das Fleisch löst sich vom Knochen   127
  7. Das Symbol der Akazie   130
  8. Das Symbol „Sohn der Witwe"   131

XI. DER URSPRUNG DES MEISTERGRADES   134

XII. DAS PHÄNOMEN DER MEISTERERHEBUNG   141
  1. Der Initiationsritus   141
  2. Der Reinkarnationsritus   142
  3. Die Individuation   145
  4. Der Tod   145
  5. Die fünf Punkte der Meisterschaft   147

XIII. VOM GEIST, DER UNS ERFÜLLT   151

QUELLENVERZEICHNIS   153

I. EINFÜHRUNG IN DAS THEMA

Die historische Entwicklung der Freimaurerei wird begleitet von einem Werden und Vergehen sehr unterschiedlicher, ideengeschichtlich und traditionell keineswegs übereinstimmender Lehrsysteme. Diese Systeme sind nicht als zwingende Meinungen aufzufassen, sondern als Lehrgebäude, welche wie ein architektonischer Bau vom Betrachter unterschiedlich empfunden werden können.
Die spekulative Freimaurerei ist zutiefst unsicher, was ihre Ursprünge betrifft. In den rund drei Jahrhunderten ihrer formellen Existenz hat sie sich bemüht, eine Ahnentafel aufzustellen. Zahlreiche Versuche wurden unternommen, eine Chronik des Bundes zu rekonstruieren. Manche dieser Bemühungen endeten komisch hinsichtlich ihrer Naivität, Ausgefallenheit und ihres Wunschdenkens.
Das Problem besteht immer darin, daß die Freimaurer zu intensiv nach einem zusammenhängenden Erbe, einer einzigen, kontinuierlichen Traditon suchen, die von vorchristlichen Zeiten bis in die Gegenwart reichen soll.
In Wirklichkeit setzt sich diese Tradition jedoch aus zahlreichen miteinander verwobenen Strängen zusammen, die zum kompletten Bau des maurerischen Selbstverständnisses führen.
Bei der Werkmaurerei des Mittelalters und bei den Angenommenen Maurern bis zum Beginn des 18. Jahrhunderts hat die Symbolik nur eine untergeordnete Rolle gespielt. In allen Ursprungslegenden der verschiedenen Verzweigungen steht jedoch die Sage von HIRAM, dem „Baumeister" Salomos im Mittelpunkt. Vom Thema her handelt es sich um eine Handwerkslegende, ob dies auch für die Entstehung zutrifft, muß noch untersucht werden.
Obwohl die Tradition von Mythen und Legenden besonders in den sogenannten „mystischen" bzw. „hermetischen" Hochgradsystemen gepflogen wird, sind auch die Johannisgrade in Ritual und Symbolik auf die HIRAM-Geschichte ausgerichtet. Da die Johannis-Maurerei ein abgeschlossenes System und das einigende Fundament darstellt, soll – nicht zuletzt aus Gründen der Arkandisziplin [1] – nur in Ausnahmefällen auch die Hochgradthematik in diese Untersuchung einbezogen werden.
Im Folgenden wird versucht, die traditionellen Deutungen der Personen, Begriffe und Handlungen der HIRAM-Sage mit kulturhistorischen, sprachgeschichtlichen und geschichtsrealen Aspekten

abzustimmen. Wir werden erkennen, daß hier alte magische Riten Eingang in die aktuelle Freimaurerei gefunden haben. Daher führt das Forschen nach Vorstufen, Ursprüngen und Parallelen weit in die Vergangenheit zurück.

Dies darf aber nicht so verstanden werden, als wäre tatsächlich ein Zurückreichen des Bundes in die vorgeschichtliche Zeit gegeben oder würde auch nur postuliert. Vielmehr geht es darum, die Zusammenhänge alter und neuer Symbole aufzuzeigen. Ist es doch gerade die rituelle Symbolik der Meistererhebung, die in jedem von uns einen unauslöschlichen Eindruck, aber auch in reichlichem Maße Fragen hinterläßt. Aber ein Freimaurer-Meister, der die Kunst recht verstehen will und erkannt hat, daß die Maurerei eine Schule für Selbstdenker ist, wird schon bald nach seiner Erhebung damit beginnen, Ordnung in die Vielzahl der Begriffe zu bringen. Das analytische Denken, die geistige Deutung und die Prüfung von Verstand und Gewissen sind der individuellen Sphäre vorbehalten.

Grundlagen dafür anzubieten, ist Ziel dieser Schrift.

Die Frage der Geheimhaltung

Eine esoterische [2] Lehre ist eine *„nach innen zu"* gerichtete Lehre. Sie ist nur den „Eingeweihten" zugänglich und enthält fast immer religionsartige oder philosophische Spekulationen, die dem „Uneingeweihten", dem „Exoteriker", nicht mitgeteilt werden dürfen. Geheim ist dabei alles, was rational nicht erklärt werden kann. Der höchste Ausdruck des Geheimnisvollen ist das Mysterium.

Hier liegt ein gewaltiger Unterschied:

Im profanen Leben ist ein Geheimnis etwas, das einem anderen nicht mitgeteilt werden darf – obwohl man es durchaus mit wenigen Worten könnte. Jede derartige Mitteilung ist unehrenhaft, verräterisch, oft sogar strafbar.

Die Geheimnisse der Esoterik sind dagegen mit Worten allein nicht erklärbar, also können sie gar nicht an andere weitergegeben werden. Esoterik muß jedem in sich selbst aufgehen, sie ist ein kollektives und individelles Erleben und Empfinden metaphysischer Natur, d. h. jenseits der rationalen Erklärbarkeit stehend. Das Wissen kann sich jeder aneignen, das Erleben bleibt dem Eingeweihten vorbehalten. Eine Deutung der Esoterik als „Geheimwissen" ist in keiner Form haltbar. In diesem Sinne hat sich der Begriff der „Verräter-", bzw. der „Enthüllungs-Schriften" zur Bedeutungslosigkeit abgeschwächt.

Anmerkungen:

(1) arcanum (lat.) Geheimnis; was nur den Eingeweihten bekannt ist und vor fremden Menschen verborgen gehalten wird. Das Wort bedeutete ursprünglich „*das in einem Kasten Eingesperrte*".

(2) esoterikos (griech.) innerlich; im Gegensatz zu exoterikos – äußerlich, populär, profan.

II. DER HISTORISCHE HINTERGRUND

Die „Legende" vom gewaltsamen Tod des Baumeisters HIRAM ABIF wird etwa ab 1730 erzählt und überliefert. Der Stoff gehört in den Sagenkreis um den Bau des Tempels in Jerusalem unter der Herrschaft von König Salomo.
Soweit man den Hintergrund geschichtlich fassen kann – wir befinden uns am Beginn des 1. Jahrtausends v. Chr. – agieren zunächst drei Personen.

1. SALOMO, KÖNIG VON ISRAEL

Es gibt keinen außerbiblischen Beweis, daß Salomo eine historische Persönlichkeit war. Aber selbst wenn nur die Hälfte von dem stimmt, was in der Bibel über ihn berichtet wird, gehört er zu den Großen der Geschichte.
Er war der Sohn von König David und Batseba und wurde, da noch andere Thronfolger vorhanden waren, nur mittels Tricks und Totschlag König. Vierzig Jahre soll er regiert haben, etwa von 965 bis 925 v. Chr. Zur Finanzierung seiner regen Bautätigkeit mußte er hohe Steuern erheben und auch Frondienste verlangen. Trotzdem galt er als fortschrittlicher Herrscher mit guten persönlichen und wirtschaftlichen Beziehungen zu seinen Nachbarn, den Ägyptern und den Phöniziern. Der phönizische König Hiram von Tyrus war sein Freund; Salomo heiratete (unter anderen) eine Pharaonentochter aus der 21. Dynastie. Diese Ehe scheint den entscheidenden Anstoß für den Entschluß zum Palastbau gegeben zu haben. Die ägyptische Königstochter konnte in dem einfachen Haus, das sich schon David erbaut hatte, nicht dauernd bleiben. Also errichtete Salomo eine prachtvolle Königsburg, zu der außer den Wohn- und Repräsentationsräumen und den Verwaltungsgebäuden auch ein Gotteshaus gehörte – der später so berühmte Tempel.
Aus der Gestalt des Königs Salomo wurde nach dem Zerfall des jüdischen Staates während des babylonischen Exils ein legendärer Weiser und Wundermann. Vielen babylonischen und ägyptischen Zaubermärchen wurde der Name Salomo untergeschoben. So ist es verständlich, daß der eher zwielichtige Salomo einmal als berühmter Tempelbauherr sowie weiser Magier, dann aber auch als unheimlicher Zauberer und wollüstiger, eifersüchtiger Tyrann in den verschiedenen Geschichten aufscheint.

Zeittafel

? - ca. 965 v. Chr.	König David. Läßt Jerusalem zur Hauptstadt und zum religiösen Zentrum des Volkes Israel ausbauen.
ca. 965 - ca. 925 v. Chr.	König Salomo.
ca. 980 - ca. 940 v. Chr.	Hiram I., König von Tyrus.

Nach dem Tode Salomos Trennung in das große Nordreich Israel/ Samaria und das kleine Südreich Juda/Jerusalem.

721 v. Chr.	Das Nordreich wird von den Assyrern erobert.
586 v. Chr.	Der babylonische König Nebukadnezar erobert das Südreich und zerstört Jerusalem sowie den salomonischen Tempel. Beginn des babylonischen Exils.
539 v. Chr.	Der Perserkönig Kyros II. erobert Babylon und gestattet die Rückwanderung der Juden.

2. HIRAM I., KÖNIG VON TYRUS

Hiram war der erste König von Tyrus, etwa 980 - 940 v. Chr. Der schmale Küstenstreifen unter dem Libanon-Gebirge mit seinen reichen Stadtstaaten Byblos, Beirut, Sidon und Tyrus wurde Kanaan genannt, die Einwohner bezeichnete man als Phoinikes, „die Purpurfärber". Das Volk war berühmt für seine Handwerkskunst: nicht nur das Färben von Wolle, auch die Fertigung kunstreicher Metallprodukte aus Gold, Silber, Kupfer, Bronze und Zinn verstanden sie meisterhaft. Rohstofflieferanten waren die Inseln Zypern (Kupros = Kupfer) sowie Thasos mit ihren Gold- und Silberminen. Die Handelsbeziehungen wurden schon früh in die entferntesten Regionen des Mittelmeeres ausgedehnt.
Der erste Europäer, der die Phönizier erwähnt, ist der griechische Dichter Homer. Er charakterisiert sie als kühne und erfahrene Seeleute, als geschickte und auf ihren Vorteil bedachte Händler, und er rühmt ihre Kunstfertigkeit in der Herstellung schöner und kostbarer Dinge.

Die Bibel berichtet: *„Und es war Friede zwischen Hiram und Salomo, und sie schlossen miteinander ein Bündnis"* (1. Könige 5, 26).

In Tyrus müssen gute Architekten gelebt haben, denn hier standen die ersten Hochhäuser mit bis zu sechs Stockwerken, für die damalige Zeit „Wolkenkratzer". Da die Stadt auf zwei kleinen Inseln lag, war eine Ausbreitung nur nach oben möglich! Diese erfahrenen phönizischen Bauleute waren König Salomo bei der Errichtung seiner Tempelburg sehr willkommen.

Die Beziehung der beiden Könige war derart gut, daß sie sogar gegenseitig Denksport betrieben. Flavius Josephus [1], 8. Buch, 5. Kapitel: *„Salomon, der damals in Jerusalem regierte, sandte Rätselfragen an Hiram und bat sich von ihm ebensolche aus. Wer sie nicht lösen konnte, mußte dem anderen Strafe zahlen. Hiram nun konnte die Rätsel nicht lösen und zahlte eine hohe Geldstrafe. Später aber ließ er dieselben von einem Tyrier Abdemon lösen und legte zugleich dem Salomon andere Rätsel vor, die nun dieser nicht lösen konnte, wofür er dann auch seinerseits eine bedeutende Geldstrafe bezahlten mußte."*

In Tyrus regierte eine Reihe von Königen mit dem damals sehr geläufigen Namen Hiram. So kam es, daß in späteren Schriften die Regierungszeiten und Personen einfach zusammengezogen wurden. *„Und Hiram herrschte fünfhundert Jahre in Tyrus, von den Tagen des davidischen Königtums bis zum Königtum des Sedekia und aller israelitischen Könige, bis er vergaß, daß er ein Mensch sei, lästerte und sprach: „Ich bin Gott und sitze auf Gottes Sitz, mitten im Meer." Ihn tötete der König Nebukadnezar."* [2]

Phönizische Seefahrer waren die besten ihrer Zeit. Mit Langstrecken-Handelsschiffen durchfuhren sie das Mittelmeer und wagten sich auch über die Straße von Gibraltar hinaus; das ist bekannt.

Sensationell und deshalb umstritten ist der Fund einer Phönizischen Inschrift an der Küste Brasiliens. 1872 wurde in Pousa Alto im Staat Paraiba in Brasilien ein Stein entdeckt, der eine Inschrift in einem althebräischen, dem Phönizischen verwandten Dialekt aufwies.

    1 - Wir (sind) Söhne von Kanaan, aus Sidon,
        der Königsstadt. Und Handel hat uns geworfen
    2 - auf dieses ferne Ufer, ein Gebiet der Berge.
        Und wir haben ein Weihrauchopfer den Göttern
        dargebracht

3 -und den Göttinnen, im 19. Jahre des Hiram,
  unseres mächtigen Königs.
4 -Und wir sind von Ezjon-Geber gekommen, im Friedlichen Meer. Wir sind mit zehn Schiffen weggefahren.
5 -Und wir waren zusammen auf dem Meer (während) zweier Jahre rund um das Land Ham, und wir wurden getrennt
6 -durch die Hand des Baal, und wir waren nicht mehr mit unseren Gefährten. Und wir sind hierhergekommen, zwölf
7 -Männer und drei Frauen, auf (dieses) ferne Ufer, und ich, Mat'astart, ihr Führer,
8 -nahm Besitz von ihm. Mögen die Götter und Göttinnen uns gnädig sein.

Schrift, Sprache und Textgestaltung ließen den Schluß zu, daß König Hiram III., dessen 19. Regierungsjahr in das Jahr 532 v. Chr. fiel, gemeint sein könnte. Der erwähnte Hafen Ezjon-Geber am Golf von Akaba wurde von den Phöniziern regelmäßig benützt, das Land Ham war Afrika.
Aber die Inschrift verbarg noch eine Sensation: ein Kryptogramm. Dies ist eine verschlüsselte Botschaft innerhalb eines normalen Textes. Das Kryptogramm der Paraiba-Inschrift konstruiert sich aus der Zahlenwertigkeit der Anfangs- und Endbuchstaben der 8 Zeilen. Erfaßt man mittels dieser Zahlen die jeweils an dieser Stelle der Zeile (vom Zeilenanfang = akrostisch, und vom Zeilenende = telistisch her) befindlichen Buchstaben, so ergeben sich 2 x 8 = 16 Konsonanten; Vokale schrieb man bekanntlich nicht. Und dieser Text lautet: *„Wir wurden vom Tod errettet – Vertraue nur auf Jahweh"*.

Die Konsequenzen wären zu gewaltig gewesen, um diese Schrift einhellig als echt zu bestätigen. Also nahm man eine Fälschung an; daß aber der „Fälscher" ein Kryptogramm eingebaut hat, ist nicht gerade das Übliche; und Hiram besaß überdurchschnittliche Matrosen.
„Hiram schickte seine Leute, geübte Seefahrer, mit den Leuten Salomos zu Schiff aus" (1. Könige 9, 27).

3. BILQIS, KÖNIGIN VON SABA

Der einzige Hinweis auf eine reale Existenz der sagenhaften Königin von Saba steht im Alten Testament. Gleich zweimal wird sie dort genannt (1. Könige 10, 1 - 13 und 2. Chronik 9, 1 - 12), beide Male fast mit gleichen Worten. Der Bericht aus dem Buch der Könige lautet:
„*Die Königin von Saba hörte vom Ruf Salomos und kam, um ihn mit Rätselfragen auf die Probe zu stellen*" – und „*Sie kam nach Jerusalem mit sehr großem Gefolge, mit Kamelen, die Balsam, eine gewaltige Menge Gold und Edelsteine trugen, trat bei Salomo ein und redete mit ihm über alles, was sie sich vorgenommen hatte.*
Salomo gab ihr Antwort auf alle Fragen. Es gab nichts, was dem König verborgen war und was er ihr nicht hätte sagen können.
Als nun die Königin von Saba die ganze Weisheit Salomos erkannte, als sie den Palast sah, den er gebaut hatte, die Speisen auf seiner Tafel, die Sitzplätze seiner Beamten, das Aufwarten der Diener und ihre Gewänder, seine Getränke und sein Opfer, das er im Haus des Herrn darbrachte, da stockte ihr der Atem.
Sie sagte zum König: 'Was ich in meinem Land über dich und deine Weisheit gehört habe, ist wirklich wahr.
Ich wollte es nicht glauben, bis ich nun selbst gekommen bin und es mit eigenen Augen gesehen habe. Und wahrlich, nicht einmal die Hälfte hat man mir berichtet; deine Weisheit und deine Vorzüge übertreffen alles, was ich gehört habe.
Glücklich sind deine Männer, glücklich diese deine Diener, die allezeit vor dir stehen und deine Weisheit hören.
Gepriesen sei Jahweh, dein Gott, der an dir Gefallen fand und dich auf den Thron Israels setzte. Weil Jahweh Israel ewig liebt, hat er dich zum König bestellt, damit du Recht und Gerechtigkeit übst.'
Sie gab dem König hundertzwanzig Talente Gold, dazu eine sehr große Menge Balsam und Edelsteine. Niemals mehr kam so viel Balsam in das Land, wie die Königin von Saba dem König Salomo schenkte.
Auch die Flotte Hirams, die Gold aus Ofir [3] *holte, brachte von dort große Mengen Almuggimholz und Edelsteine.*
Der König ließ aus dem Almuggimholz Schnitzarbeiten für das Haus des Herrn und den königlichen Palast sowie Zithern und Harfen für die Sänger anfertigen. Solches Almuggimholz [4] *ist nie wieder in das Land gekommen und bis zum heutigen Tag nicht mehr gesehen worden.*
König Salomo gewährte der Königin von Saba alles, was sie wünschte und begehrte. Dazu beschenkte er sie reichlich, wie es nur der König

Salomo vermochte. *Schließlich kehrte sie mit ihrem Gefolge in ihr Land zurück."*
Einen praktisch identischen Bericht liefert auch der Geschichts- und Geschichtenschreiber Flavius Josephus (8. Buch, 6. Kapitel 5 - 6), der mit Sicherheit die biblische Quelle nur abgeschrieben hat.

Was wird hier erzählt? Es war ein Staatsbesuch, eines der bekanntesten „Gipfeltreffen" im Altertum. Daraus entstand ein Konglomerat von – mit orientalischer Phantasie ausgeschmückten – arabischen Märchen. In der islamischen Überlieferung kommt die Königin zu Suleiman = Salomo, eine ungewöhnliche Situation im eher frauenversteckenden Islam. Die Rätselfragen, die gestellt wurden, sind eher simpel: die Königin zeigt Suleiman einen Strauß echter und einen aus künstlichen Blumen. *„Welche"*, fragt sie, *„sind die echten?"* Suleiman weiß es sofort, denn er beobachtete, zu welchem Blumenstrauß die Bienen flogen!

Erst in den Märchenerzählungen taucht der Name Bilqis auf, wie die Königin im Arabischen genannt wird.
Das Land der Sabäer befand sich im Gebiet des heutigen Jemen, am Golf von Aden. Das ist nach den Berichten antiker Geographen das Gebiet des biblischen Garten Eden.
Wie immer sie geheißen haben mag, die entscheidende Frage ist: Warum hat sie die Reise unternommen? Zwei Theorien kann man diskutieren.
1. Die Königin hatte von Salomos Bestrebungen gehört, neue Transporttiere zu züchten. Da der Wohlstand der Sabäer auf Handel und Gütertransport durch Kamele beruhte, war zu befürchten, daß eine starke Konkurrenz erwachse. Bilqis, die das Beförderungsmonopol auf der Weihrauchstraße hatte, wollte sich informieren. Nachdem Salomo ihr alles gezeigt hatte, *„ was sie wünschte und begehrte"*, konnte sie beruhigt heimwärtsziehen: Salomo züchtete Pferde.
2. Es ist nicht auszuschließen, daß die Begegnung von König und Königin nur erfunden wurde, um die Berühmtheit, Klugheit und Handelstüchtigkeit Salomos herauszustreichen.
Damit bekämen folgende Sätze einen Sinn. *„Niemals mehr kam soviel Balsam in das Land, wie die Königin von Saba dem König Salomo schenkte. Auch die Flotte Hirams, die Gold aus Ofir holte ...."* Dieser Einschub wäre dann nichts anderes als eine Aufzählung aus Salomos positiver Handelsbilanz.

Immer wieder taucht auch König Hiram von Tyrus in diesen Geschichten auf.
Aber warum wählte man als Salomos Partner eine Frau? Vielleicht um die Begegnung glaubhafter zu machen, denn es ist gesichert, daß um 800 v. Chr. den arabischen Reichen oftmals Herrscherinnen vorstanden? Daß hier eine zeitliche Differenz von fast 200 Jahren besteht, ist nicht tragisch, denn aus der Zeit vor dem achten vorchristlichen Jahrhundert fehlen schriftliche Hinweise auf arabische Potentaten völlig. Die Märchenerzähler erfanden auch eine Liebesromanze zwischen Bilqis und Salomo, der ein Sohn mit Namen Menilek entsprang. Dieser wurde der Stammvater aller äthiopischer Herrscher bis 1974. In der – inzwischen abgeschafften – äthiopischen Verfassung von 1955 stand: *"Haile Selassie I. .... dessen Linie abstammt ohne Unterbrechung aus der Dynastie Menileks I., Sohn der Königin von Äthiopien, zugleich Königin von Saba, und des Königs Salomo von Jerusalem."* Deshalb führte Haile Selassie als Nachkomme dieser sabäisch-jüdischen Liaison den Zusatztitel *"Löwe von Juda"*.
Über die exotische Königin wurde nicht nur an Lagerfeuern und in Karawansereien erzählt, auch im fabelsüchtigen Mittelalter Europas hat man versucht, sie für die christliche Mythenwelt zu adoptieren. Sie wurde mit dem Holz, aus welchem das Kreuz Jesu gezimmert werden sollte, in Verbindung gebracht, ja, sie sei es gewesen, die König Salomo einen Kelch schenkte, aus dem später Jesus und die Jünger beim Abendmahl getrunken haben sollen, und worin schließlich das Blut des Gekreuzigten aufgefangen wurde – der Gral!

Natürlich beschäftigte man sich bei einer so berühmten Frau mit der Frage, wie sie denn wohl ausgesehen haben könnte. Häufig wird sie dunkelhäutig dargestellt. Das muß aber nicht bedeuten, daß man sie als Negerin ansah. Vielmehr hatte sie ihr schönes Gesicht mit Ruß verdeckt und nur, wenn ein Mann ihr besonders gut gefiel, habe sie den Ruß abgewaschen.
War dies eine spezielle Form der Verschleierung?
Weiter hieß es, das rechte Bein der Königin sei stark behaart gewesen – ein sicheres Zeichen, daß sie mit dem Teufel im Bunde war. Salomo hat dies durch einen Trick entdeckt: er ließ über einen kleinen Teich eine Glasplatte legen und als er die Königin darüber führte, konnte er im Spiegelbild unter ihren Rock schauen.
Die Glanzzeit der Geschichten um die Königin von Saba ging zu

Ende, als im Zuge der Gegenreformationen in Europa die Jungfrau Maria zur Integrationsfigur erhoben wurde.

Anmerkungen:

(1) Der jüdische Geschichtsschreiber Flavius Josephus (37 - etwa 100 n. Chr.) war Priester der Pharisäersekte. Sein Werk *„Jüdische Altertümer"* ist neben dem *„Alten Testament"* die einzige Quelle für die frühe jüdische Historie.

(2) Die Apokryphen zum Alten Testament, Textquelle: Schatzhöhle. 35. Kapitel: Die Richter, David und Salomo.

(3) Ofir wird in Südarabien oder (was wahrscheinlicher ist) an der Ostküste Afrikas, in Somalia vermutet.

(4) Es handelt sich um ein nicht näher bestimmbares Edelholz.

4. DER TEMPELBAU

Der legendäre König Salomo hat sowohl in der Welt des mystischen Okkultismus, wie auch in der Tradition der Freimaurerei und hier besonders in den Hochgradriten stets eine zentrale Rolle gespielt. Der Bau des Tempels in Jerusalem und dann dessen Zerstörung, die Säulen Jachin und Boas, Wirken und Tod des Baumeisters HIRAM und schließlich die Wiederauffindung der unter den Tempelruinen verborgen geistigen und materiellen Schätze werden in den Ursprungslegenden vieler Geheimlehren immer wieder erwähnt, häufig variiert und bilden vielfach die Basis der Ritualistik.

Die Regierungszeit der Könige David und Salomo werden in der Bibel als Höhepunkt der Profangeschichte Israels dargestellt. Das Königtum ist etabliert, das Reich befriedet. Salomo, dessen Name *„Friedenskönig"* bzw. der *„Friedfertige"* bedeutet [1], konnte in ungestörtem Wohlstand den Bau einer Residenz und eines Tempels in Angriff nehmen.
Die Schilderung des Tempelbaues ist aber so allgemein gehalten, daß eine Rekonstruktion dieses Bauwerkes ausgeschlossen ist. Was wir wissen, ist denkbar wenig. Der Tempel stand sicher im Zusammenhang mit dem Palast des Salomo und befand sich auf

dem Hügel Morija. Der genaue Standort ist nicht zu lokalisieren, auch die heutige „Klagemauer" sagt über die Lage nichts aus. Sein Platz war aber sicher die Gegend des gegenwärtigen „heiligen Chaos von Jerusalem", denn auf diesem Tempelberg stehen der „*Kubbet es- Schakra*" = der Felsendom = die Omarmoschee [2] sowie die El-Aqsa-Moschee [3] als zentrale Heiligtümer der Mohammedaner neben der Klagemauer [4] als bedeutendster architektonischer Reliquie der Juden.

Westlich davon in geringer Entfernung befindet sich die Grabeskirche, der Überlieferung nach an der Stätte der Grablegung Jesu erbaut und demnach ein Heiligtum der Christen. Die Gegend ist daher für drei Religionen *die* heilige Stätte schlechthin und das konnte, wie die Geschichte lehrt, nicht gutgehen.

Von Salomos Tempel ist nicht das geringste erhalten geblieben. Wahrscheinlich hat aber ein unterirdischer Steinbruch im Norden Jerusalems das Baumaterial geliefert; dieses Hohlraumsystem kann heute noch besichtigt werden.

Architektonisch war es ein Tempelbau nach syrisch-kanaanäischem Muster: ein horizontaler Langbau (im Gegensatz zum vertikalen christlichen Kirchenbau), versehen mit einem Flachdach und aus drei voneinander abgesetzten Teilen bestehend, deren Funktion durch den Kult vorgegeben war: 1. Ulam, ein nach Osten ausgerichtetes Torgebäude; 2. Hekal, der vergitterte Raum, in dem sich Kultgegenstände befanden; 3. Debir, das Allerheiligste, ein fensterloser, völlig dunkler kubischer Raum, worin sich die Bundeslade befand.

Die beiden Säulen Jachin und Boas flankierten wahrscheinlich freistehend den Hekal-Eingang. Sie hatten keine statische, sondern eine symbolische Bedeutung: die zwei tragenden Weltsäulen, die beiden heiligen Bäume des Paradieses (Baum des Lebens und Baum der Erkenntnis), Feuer- und Wolkensäule während des Exodus aus Ägypten und andere Deutungen wurden ihnen gegeben; selbstverständlich kamen auch phallische Symbole ins Gespräch. Tatsächlich dürften es große Weihrauchständer gewesen sein.

Die Bedeutung der Säulennamen ist nicht mehr bekannt:
a) es könnten die Namen von Stiftern oder Baumeistern sein;
b) die Namen bekannter Persönlichkeiten jener Zeit (z. B.: Jachin hieß ein Sohn Simeons, eines Kindes von Jakob und Lea; Boas hieß der 2. Ehemann von Rut und damit der Urgroßvater König Davids);
c) Jachin könnte bedeuten *„Gott macht fest"*, *„Jahweh möge fest machen"*; Boas *„in ihm ist Stärke"*;

d) vielleicht war es der symbolische Anfang einer Gebetsformel *„sei fest und stark ..."*.
Interessant ist noch die Frage nach der Position der Säulen. In der Bibel steht (1. Könige, 7, 21) *„Die eine Säule stellte er auf die rechte Seite und nannte sie Jachin, die andere stellte er auf die linke Seite und nannte sie Boas"*. Diese Beschreibung muß, wenn sie mit der aktuellen Stellung der Säulen in unserem Tempel übereinstimmen soll, von innen ausgehen. Vor dem Tempel stehend sah der Betrachter daher die Säule Boas rechts und die Säule Jachin links.
Die Bronzesäulen waren innen hohl; dies war technisch bedingt, zog aber natürlich die Legendenbildung von einem geheimen Versteck nach sich.
Feststeht, daß Nebukadnezar die beiden Säulen 586 v. Chr. abreißen und die kostbare Bronze einschmelzen ließ.
Für den Bau des Tempelgebäudes wurden Steine verwendet; Holz für Fußboden, Vertäfelung und Dach; Metall für Verzierungen, Geräte und Kultgegenstände. Der Opferaltar mußte nach mosaischer Vorschrift (Exodus 20, 25) aus unbehauenen Steinen errichtet werden. Die Bedeutung dieser Anweisung ist unklar, die jüdische Märchentradition sagt dazu: *„Beim Tempelbau wollte Salomo keine eisernen Werkzeuge benützen. Es sollte ja ein Tempel des Friedens werden, und jedes Metall erinnert an Kriegswaffen. Da beriet er sich mit den Gelehrten, was er machen solle. Und diese erzählten ihm vom wunderbaren Wurm Schamir, den schon Moses zum Sprengen der Steine verwendet hatte."* Durch magische Beschwörungen gelang es Salomo, den Wurm für sich dienstbar zu machen.
Da der Bau ohne Metallwerkzeuge errichtet wurde, hatte Nebukadnezar auch bei der Zerstörung Schwierigkeiten:
„Wisse, o Hauptmann, daß die Erbauer dieses Gebäudes weder Axt noch Hammer bei ihrer Arbeit verwendet hatten. Deshalb kann ihm kein Eisen beikommen ... laß mich daher Schweineblut darauf spritzen. So werde ich seine Heiligkeit entweihen, seine Reinheit nehmen und seine Kraft wird von ihm weichen." Erst nach dieser Prozedur gelang die Zertrümmerung der Tempelmauern.

Da nun der salomonische Tempel ein kanaanäischer Bau gewesen ist, wird auch verständlich, daß ein Architekt aus dem phönizischen Tyrus den Bau leitete.
Nur muß eindringlich darauf verwiesen werden, daß es sich ursprünglich nur um die „Hauskapelle" der Königsburg gehandelt

hat. Dementsprechend waren auch die Ausmaße: Länge 30 - 50 Meter, Breite 10 - 25 Meter und Höhe etwa 15 Meter. Die gigantischen Darstellungen der Tempelanlage aus späterer Zeit sind grenzenlos übertrieben.

Chronologie der Tempel in Jerusalem

Salomonischer Tempel: Weihe um 950 v. Chr.; zerstört 586 v. Chr.
Tempel des Serubbabel: erbaut um 515 v. Chr.; entweiht 167 v. Chr., wiederaufgebaut unter Judas Makkabäus (2. Jhd. v. Chr.).
Herodianischer Tempel: erbaut 20 - 10 v. Chr. in doppelter Größe des salomonischen Tempels. Zerstört durch die Römer unter Titus 70 n. Chr.

Mit dem Tempelbau in Jerusalem erhielt die jüdische Religion eine neue Form. Sie wurde zu einer „Wallfahrtsreligion", da der wahre und einzige Gott nun sein fixes Zuhause im Tempel zu Jerusalem hatte. Der mobile Gott aus der Zeit des Nomadentums war seßhaft geworden. Es gab einen religiösen Mittelpunkt des Landes. Das überraschende Ergebnis davon war jedoch, daß Gott den Menschen ferner gerückt wurde. Um ihn zu finden, mußten sie jetzt nach Jerusalem pilgern.

Das jüdische Volk hatte nur einen Gott und in strengster Befolgung dieser Lehre und des Glaubens auch nur ein Gotteshaus, niemals mehrere zugleich. Die sog. Stiftshütte war das erste; es war nur ein mobiles Zelt, welches die von Ägypten auswandernden Israeliten mitführten. Im salomonischen Tempel wurde die Idee eines Gotteshauses vollendet: Gott wohnte beim Volk und das Volk sollte bei Gott wohnen.

Der Tempel ist das Symbol des „alten Bundes" zwischen Gott und dem Volke Israel. Der Tempel Salomos war ein Wohnhaus für Jahweh und nur zu rituellen Handlungen bestimmt, daher durfte er auch nur von Priestern betreten werden. Er war kein Gebetshaus, keine Synagoge, sondern religiöser Mittelpunkt der Nation. Mit seinem Tempel stürzte im Jahre 73 n. Chr. auch das jüdische Volk für fast zwei Jahrtausende zusammen und war zerstreut, ohne wieder eine Wohnung für ihren Gott erbaut zu haben.

Noch weit in die christliche Zeit hinein hatte das Andenken an den salomonischen Tempel sowohl architektonisch wie symbolisch einen ungeheuren legendären Charakter. Im Jahre 537 n. Chr. weihte der oströmische Kaiser Justinian in Byzanz die fertiggestellte Hagia Sophia mit den Worten: *„Salomo! Ich habe Dich übertroffen!"*
Doch zurück zu den Realitäten des Baues. Salomo mußte, um den Bau in akzeptabler Zeit fertigstellen zu können, die Zwangsarbeit (Frondienst) einführen, und was noch schlimmer war, Fremdarbeiter kamen ins Land und bauten am größten Sakralbau der Juden. Diese Fremden brachten ihre eigenen Kulte mit – aus jüdischer Sicht „Götzendienste".
In gerade dieser Zeit der Mischung kultureller und religiöser Strömungen spielte die Sage von HIRAM.

Anmerkungen:

(1) Der Name wird mit „*schalom*", d. h. „*Friede*"" in Verbindung gebracht und entspricht etwa dem deutschen Friedrich, was der „*Friedensreiche*" bedeutet.

(2) Erbaut 691 n. Chr. von Kalif Abdel-Malek. Ursprünglich stand hier wahrscheinlich der israelitische Brandopferaltar.

(3) 536 n. Chr. von Kaiser Konstantin als Basilika gebaut, um 700 zur Moschee umgewandelt.

(4) Die untersten Steinlagen sind Reste des herodianischen Tempels.

III. DIE QUELLEN IM ALTEN TESTAMENT UND BEI JOSEPHUS

Die Schriften des Alten Testamentes sind eine Sammlung von Büchern, die von Juden und Christen als Offenbarungsurkunden betrachtet werden. Die protokanonischen [1] Texte existieren
1. In einer hebräischen Urfassung: sog. masoretischer Text, der in seiner heutigen Form auf das 6. bis 10. Jahrhundert n. Chr. zurückgeht. Weil die Juden, wie andere semitische Völker, nur die Konsonanten schrieben, die Vokale aber nur sehr ungenau andeuteten, schufen die schriftkundigen Masoreten mit Hilfe von Strichen und Punkten über und unter den Konsonanten Vokalzeichen. So entstand der „punktierte" oder „vokalisierte" masoretische Text.
2. In einer griechischen Übersetzung, der Septuaginta: zwischen 250 und 100 v. Chr. wurde die hebräische Bibel für die griechisch sprechenden Juden des Mittelmeerraumes in Alexandria ins Griechische übersetzt. Dies soll innerhalb von 70 Tagen von 70 Männern geschafft worden sein; daher der Name „(die Übersetzung der) *Siebzig*", d. h. „Septuaginta".
3. In der lateinischen Vulgata: ab 390 n. Chr. schuf der Hl. Hieronymus im Auftrag des Papstes Damasus I. eine lateinische Übersetzung aus dem Hebräischen. Sie erhielt den Namen Vulgata, d. h. *„die allgemein Verbreitete"*.

Die Bibelzitate in der vorliegenden Studie sind in der Regel der „Einheitsübersetzung" der Heiligen Schrift entnommen. Diese wurde im Auftrag der katholischen Bischöfe des deutschen Sprachgebietes und des Rates der Evangelischen Kirche unter dem Eindruck des II. Vatikanischen Konzils herausgegeben.
Mit besonderen Hinweisen wird angemerkt, wenn die Übersetzung Martin Luthers oder jene von Martin Buber zitiert wird.
Die ursprüngliche Quelle der Legende um Salomo und HIRAM befindet sich im Alten Testament, in den Geschichtsbüchern „Könige" (zw. 560 und 530 v. Chr. entstanden) und „Chronik" (um 400 v. Chr. verfaßt).
Die Verfasser der Königsbücher stützten sich bei der Beschreibung der salomonischen Ära auf Hofannalen; die Autoren der Chronikbücher konzentrierten sich auf genealogische Namenslisten und eine besondere Hervorhebung der Leistungen der Könige. In beiden Werken zeigt der Umfang des Berichtes über den Tempelbau an, welch hohen Stellenwert dieses Ereignis in der jüdischen Tradition hatte. Dementsprechend ist in der Schilderung auch mit den üblichen Übertreibungen zu rechnen.

Zunächst tritt eine Person auf, die ADONIRAM genannt wird.
Die erste Erwähnung steht bei 1. Könige 4, 1 - 6: *„König Salomo war König von ganz Israel. Dies waren seine obersten Beamten:.... und Adoniram, der Sohn Abdas, war Aufseher über die Fronarbeiten."*
Luther übersetzt: *„Adoniram .... war Rentmeister"*, [2] Martin Buber: *„über die Fron: Adoniram Sohn Abdas"*.
Die Listen der Beamten sind aus profanen Staatsakten in die Geschichtsbücher der Könige übernommen worden; sie haben daher einen hohen Wahrheitswert, d. h. der Name ADONIRAM ist als authentisch anzusehen.
Auch bei der Aufzählung der Beamten König Davids wurde schon ein ADONIRAM erwähnt. 2. Samuel 20, 24: *„Adoniram beaufsichtigte die Fronarbeiten...."*. Bei Luther lautet der Text: *„Adoram war Rentmeister ...."*, auch Buber nennt ihn *„Adoram"*.
Und dieser Aufseher oder Steuereintreiber wird auch noch unter Salomos Sohn Rehabeam (ca. 925 - 916 v. Chr.) genannt. 1. Könige 12, 17 - 18: *„Nur über die Israeliten, die in den Städten Judas wohnten, blieb Rehabeam König. Und als er den Fronaufseher Adoniram hinschickte, steinigte ihn ganz Israel zu Tode. Dem König Rehabeam gelang es, den Wagen zu besteigen und nach Jerusalem zu entkommen."* Bei Luther heißt er: *„..... Adoram, der Rentmeister ...."*, bei Martin Buber hingegen *„Adoniram"*.
Die Parallelstelle 2. Chronik 10, 18 lautet: *„Und als er den Fronaufseher Hadoram hinschickte, steinigten ihn die Israeliten zu Tode."* Auch Luther und Buber schreiben *„Hadoram"*.
Hier zeigt ein erstes eklatantes Beispiel, wie einer Person verschiedene, ähnlich klingende Namen zugeschrieben wurden. Besonders sollte man beachten, daß dies die einzige Stelle der Quellentexte ist, wo vom gewaltsamen Tod einer Person namens ADONIRAM = ADORAM = HADORAM gesprochen wird. Ursprünglich hatte mit Sicherheit dieser „Langzeitbeamte" der Könige David, Salomo und Rehabeam nichts mit dem HIRAM des Tempelbaues zu tun. Die verschiedenen Namen und Personen wurden aber in der maurerischen Legende zu einem unentwirrbaren Durcheinander verwoben, wobei allerdings immer der Baumeister HIRAM gemeint ist.
Die Vorgeschichte der eigentlichen HIRAM-Erzählung ist ein schlichtes Handelsgeschäft: tausche Baumaterial und technisch-künstlerisches Know-how gegen Lebensmittel. In Palästina fehlte der Wald [3], in Phönizien fehlte das Getreide. Die Berufung

ausländischer Bauexperten und Künstler war notwendig, da Israel vor kurzem erst den Übergang vom Nomadenvolk zum Ackerbau vollzogen hatte und das Kunstgewerbe noch wenig entwickelt war. Die Person HIRAMs steht in den biblischen Berichten vom Tempelbau keineswegs im Vordergrund.

1. Könige 5, 15 - 32:

Hiram, der König von Tyrus, sandte seine Diener zu Salomo; denn er hatte gehört, daß man ihn anstelle seines Vaters zum König gesalbt habe. Hiram war nämlich zeitlebens ein Freund Davids gewesen.

Und Salomo ließ Hiram sagen:

Du weißt selbst, daß mein Vater David durch Kriege verhindert war, dem Namen des Herrn, seines Gottes, ein Haus zu bauen, da seine Feinde ihn bedrängten, bis der Herr sie ihm unter die Füße legte.

Jetzt aber hat mir der Herr, mein Gott, ringsum Ruhe verschafft. Es gibt keinen Widersacher mehr und keine Gefahr.

Darum gedenke ich, dem Namen des Herrn, meines Gottes, ein Haus zu bauen; denn er hat meinem Vater David zugesagt: Dein Sohn, den ich an deiner Stelle auf deinen Thron setzen werden, wird in meinem Namen das Haus bauen.

Befiehl nun, daß man auf dem Libanon Zedern für mich fällt. Meine Knechte sollen mit deinen Knechten arbeiten. Den Lohn für deine Knechte werde ich dir geben, ganz wie du bestimmst. Du weißt ja selbst, daß wir niemand haben, der so gut Holz fällen kann wie die Leute von Sidon. [4]

Als Hiram die Botschaft Salomos vernahm, freute er sich sehr und rief aus: Gepriesen sei heute Jahweh, der David einen weisen Sohn als Herrscher über dieses große Volk gegeben hat.

Er ließ Salomo sagen: Ich habe die Botschaft vernommen, die du an mich gesandt hast, und werde deinen Wunsch nach Zedern- und Zypressenholz erfüllen.

Meine Leute werden es vom Libanon an das Meer schaffen. Ich lasse es dann auf dem Meer an den Ort flößen, den du mir nennen wirst. Dort lasse ich es wieder auseinandernehmen, so daß du es abholen kannst. Du aber erfülle meinen Wunsch, und sende Lebensmittel für mein Haus!

Also lieferte Hiram so viel Zedern- und Zypressenholz, wie Salomo wollte,

und Salomo gab Hiram zwanzigtausend Kor [5] *Weizen zum Unterhalt seines Hofes und zwanzig Kor feines Öl. Diese Menge lieferte Salomo Jahr für Jahr an Hiram.*

Der Herr schenkte Salomo Weisheit, wie er es versprochen hatte.

Zwischen Salomo und Hiram herrschte Friede, und sie schlossen miteinander ein Bündnis.
König Salomo ließ Leute aus ganz Israel zum Frondienst ausheben. Dieser umfaßte 30.000 Fronpflichtige.
Von ihnen schickte er abwechselnd jeden Monat 10.000 Mann auf den Libanon. Einen Monat waren sie auf dem Libanon und zwei Monate zu Hause. Adoniram leitete den Frondienst.
Ferner hatte Salomo 70.000 Lastträger und 80.000 Steinhauer im Gebirge, nicht eingerechnet die 3.600 Werkführer unter dem Befehl der Statthalter, denen die Leitung der Arbeit oblag [6]*. Sie führten die Aufsicht über die Arbeiter.*
Der König ließ mächtige, kostbare Steine brechen, um mit Quadern das Fundament des Tempels zu legen.
Die Bauleute Salomos bearbeiteten mit den Bauleuten Hirams und den Gebalitern [7] *das Holz und die Steine und richteten sie her für den Bau des Tempels.*
Fast nur beiläufig wird hier der Leiter der Arbeiten, ADONIRAM, erwähnt. In den folgenden biblischen Parallelstellen kristallisiert sich deutlicher die Person des HIRAM heraus.
2. Chronik 1, 18 - 2, 13:
Salomo beschloß einen Tempel für den Namen des Herrn und eine königliche Residenz für sich zu bauen ....
Dann sandte er Boten zu Hiram, dem König von Tyrus, und ließ ihm sagen: Du hast meinem Vater David geholfen und ihm Zedern geliefert, damit er sich ein Haus als Wohnung bauen konnte.
Ich möchte jetzt dem Namen des Herrn, meines Gottes, ein Haus bauen und es ihm weihen ....
Schick mir nun einen fähigen Mann, der Arbeiten in Gold, Silber, Bronze, Eisen, rotem Purpur, Karmesin und blauem Purpur ausführen kann und sich aufs Gravieren versteht. Er soll mit den Künstlern zusammenarbeiten, die bei mir in Juda und Jerusalem sind und mein Vater David bestellt hat ....
Hiram, der König von Tyrus, antwortete Salomo in einem Schreiben, das er ihm sandte: ...
Ich schicke dir einen fähigen, klugen Mann, Hiram-Abi, den Sohn einer danitischen Frau. Sein Vater stammt aus Tyrus. Er versteht es, Arbeiten in Gold, Silber, Bronze, Eisen, Stein, Holz, rotem und blauem Purpur, Byssus und Karmesin auszuführen, alle Gravierungen zu besorgen und jeden Plan zu entwerfen, der ihm aufgetragen wird. Er wird mit deinen Künstlern und den Künstlern meines Herren, deines Vaters David, zusammenarbeiten.

Nach den biblischen Berichten betrug die Bauzeit am Tempel, inklusive Einrichtung und allem Zubehör, sieben Jahre; an seinem Palast baute Salomo dreizehn Jahre.
1. Könige 7, 13 - 45.
König Salomo ließ Hiram aus Tyrus kommen.
Dieser war der Sohn einer Witwe aus dem Stamm Naftali. Sein Vater war ein Bronzeschmied aus Tyrus. Er war mit Weisheit, Verstand und Geschick begabt, um jede Bronze-Arbeit auszuführen.
Er kam zum König Salomo und führte alle Arbeiten für ihn aus.
Er formte die zwei bronzenen Säulen. Achtzehn Ellen betrug die Höhe der einen Säule, und ein Band von zwölf Ellen umspannte sie. Ihre Wandstärke betrug vier Finger, innen war sie hohl.
Ebenso war die zweite Säule ....
Er stellte die Säulen in der Vorhalle des Tempels auf. Die eine Säule stellte er auf die rechte Seite und nannte sie Jachin, die andere stellte er auf die linke Seite und nannte sie Boas.
Ober auf den Säulen waren lilienförmige Gebilde. So wurde die Arbeit an den Säulen zu Ende geführt.
HIRAM fertigte noch mancherlei metallenen Zierrat, doch nirgendwo steht ein Hinweis, daß er Baumeister gewesen sei, bzw. zur Oberaufsicht beim Tempelbau berufen wurde.
Die letzten Erwähnungen sind:
Auch machte Hiram die Töpfe, Schaufeln und Schalen.
So führte Hiram alle Arbeiten zu Ende, die er dem König Salomo für das Haus des Herrn anzufertigen hatte ....
Alle diese Geräte, die Hiram dem König Salomo für das Haus des Herrn anfertigte, waren aus glatter Bronze.
HIRAM hat also sein Werk vollendet! Über sein weiteres Schicksal gibt uns die Bibel keine Nachricht mehr. Von einem frühzeitigen gewaltsamen Tod ist keine Rede. Auch eine dreistufige Hierarchie der Tempelbauer in Lehrlinge, Gesellen und Meister kommt in den Schriften nicht vor.
Der salomonische Tempel ist zwar ein entscheidender Bestandteil der maurerischen Geschichte, allerdings im Sinne einer symbolischen Allegorie. Besonders für die Hochgradsysteme ist der Tempelbau zu einer unerschöpflichen Quelle von Fabeln und Legenden geworden.
Bei Flavius Josephus (siehe Seite 16) wird König Hiram von Tyrus mehrfach erwähnt.
Jüdische Altertümer VII, 3, 2: „*Auch schickte Hiram, der König der Tyrier, Gesandte zu ihm* (David) *und schloß Bundesgenossenschaft*

und Freunschaft mit ihm. Zugleich sandte er ihm Geschenke, besonders Zedernholz, zu und Baumeister, Bildhauer und andere Künstler stellte er ihm zur Verfügung, damit sie ihm in Jerusalem einen Königspalast errichteten."
VIII, 3, 4: „Solomon ließ sich darauf aus Tyrus vom Könige Hiram einen Künstler Namens Cheiramos [8] schicken, der mütterlicherseits mit dem Stamme Nephthali verwandt war und den Urias, einen Mann israelitischer Abkunft, zum Vater hatte. Dieser war ein tüchtiger Kunsthandwerker und besonders geschickt in Gold-, Silber- und Erzarbeit. Auf Geheiß des Königs verfertigte er alle in sein Fach einschlagende Zierraten des Tempels. Für den Tempeleingang stellte er zwei eherne Säulen her, ..."
Auch der Finanzbeamte ADONIRAM (1. Könige 4, 1 - 6) findet sich bei Josephus wieder. Hier (Jüdische Alterümer VII, 11, 8) wird er treffend als „ADORAM, der Steuerdirektor", tituliert. Letztendlich heißt bei Josephus (VIII, 2, 9) auch der Aufseher über die Holzarbeiter am Libanon ADORAM.

Anmerkungen:

(1) Der erste anerkannte Textkanon, d. h. durch die religiösen Instanzen approbierte Texte, entstand um 100 n. Chr.

(2) Im „Deutschen Wörterbuch" von Jacob und Wilhelm Grimm als „Rechnungsbeamter, welchem Einziehung und Berechnung regelmäßiger Einkünfte obliegt" charakterisiert. Dies entspricht wohl einem Finanzbeamten. Deutlich kommt dies im Originaltext der Vulgata zum Ausdruck, wo Adoniram charakterisiert wurde als „Qui erat super tributa".

(3) Die berühmten Libanonzedern der biblischen Wälder existieren heute nur mehr in wenigen Exemplaren am Fuß des Dschebel Machmal.

(4) Phönizische Hafenstadt in der Nähe von Tyrus.

(5) 1 Kor entsprach ca. 400 Liter.

(6) Die Anzahl der Arbeiter ist im Verhältnis zu dem tatsächlichen Bauwerk entschieden zu hoch.

(7) Gebal war der hebräische Name des phönizischen Byblos.

8) Da Josephus in griechischer Sprache schrieb, ist dieser Name die ins griechische übertragene Form von HIRAM.

IV. DIE VIELZAHL VON HIRAMs NAMEN

1. In den biblischen Berichten.

Personen mit unterschiedlichen Namen treten in den im vorigen Kapitel zitierten Erzählungen des Alten Testamentes auf und wurden bei der Entstehung der maurerischen Legende vom Tempelbau zu einer Gestalt verschmolzen. Die lebhafte Diskussion darüber, welche biblische Figur in welchem Ausmaß in die HIRAM-Legende eingeflossen ist, kann m. E. mit folgender Zusammenstellung der Primär-Quellen abgeschlossen werden. Mehr läßt sich nicht belegen. Spitzfindige Spekulationen und Interpretationen sollten aufhören.

Eine tabellarische Übersicht von vier Übersetzungen (E = Einheitsübersetzung; B = Buber; L = Luther, V = Vulgata) läßt folgende Personen gegeneinander abgrenzen:
1. Einen Aufseher über die Fronarbeiter bzw. einen Rentmeister = Finanzbeamten aus der Administration der Könige David, Salomo und Rehabeam. Der zur Zeit Rehabeams tätige Mann wurde durch Steinigung getötet.
2. Einen Leiter der Holzarbeiten in Phönizien, zur Materialgewinnung für den Tempelbau.
3. Einen Metallbearbeiter, Künstler seines Faches, der die dekorative Ausschmückung des Tempels besorgte.

Diese Männer werden zwar ähnlich, aber unterschiedlich benannt; sehr wahrscheinlich sind verschiedene Personen gemeint, die ursprünglich nichts miteinander zu tun hatten und erst im Zuge der Legendenbildung zusammenkamen.

Textquelle	Name	Beruf		Übersetzung
2.Samuel 20,24	Adoniram	Aufseher		E
	Adoram	über die Fron	zur	B
	Adoram	Rentmeister	Zeit	L
	Aduram	supertributa	Davids	V

1.Könige 4,6	Adoniram	Aufseher	zur	E
	Adoniram	über die Fron	Zeit	B
	Adoniram	Rentmeister	Salomos	L
	Adoniram	super tributa		V
1.Könige 12,18	Adoniram	Aufseher	zur Zeit	E
	Adoniram	über die Fron	Rehabe-	B
	Adoram	Rentmeister	ams ge-	L
	Adoram	super tributa	steinigt	V
2.Chronik 10,18	Hadoram	Aufseher	zur Zeit	E
	Hadoram	über die Fron	Rehabe-	B
	Hadoram	Rentmeister	ams ge-	L
	Aduram	praeerat tributis	steinigt	V
1.Könige 5,28	Adoniram	Leiter über	der	E
	Adoniram	die Fron	Holzar-	B
	Adoniram	Aufseher	beiter	L
	Adoniram	erat super		V
1.Könige 7,13	Hiram aus Tyrus		Metall-	E
	Chirom von Tyrus		bearbeiter	B
	Hiram von Tyrus		(Sohn	L
	Hiram de Tyro		einer Witwe)	V
2.Chronik 2,12	Hiram-Abi		Metall-	E
	väterlicher Churam		bearbeiter	B
	Huram, mein Meister			L
	Hiram, patrem[1] meum			V
2.Chronik 4,16	Hiram-Abi		Metall-	E
	väterlicher Churam		bearbeiter	B
	Huram, der Meister			L
	Hiram, pater[1] ejus			V

Im hebräischen Originaltext steht für HIRAM entweder die Buchstabenfolge *Chet(Het)-Jod-Resch-Waw-Mem* oder nur *Chet-Jod-Resch-Mem* aber auch *Chet-Waw-Resch-Mem*. Da der Buchstabe Waw [2] auch als Vokal *o* oder *u* ausgesprochen werden kann, bei der zweitgenannten Schreibweise der Vokal nach dem *Resch* auch ein *a* sein kann und bei der letztzitierten Schreibung das *Waw*

eindeutig ein *u* ist, ergeben sich folgende Aussprachevarianten: CHIROM, CHIRUM, CHIRAM sowie CHUROM, CHURUM und CHURAM. Die vielen Variationsmöglichkeiten der hebräischen Aussprache erlauben dies.
In der Textquelle 2. Chronik 4, 16 lautet die hebräische Schreibweise *Chet(Het)-Jod-Resch-Waw-Mem* (CHIROM) aber dann *Aleph-Bet-Jod-Waw*, d. h. AWIW. Dies wurde in den Übersetzungen zu ABI reduziert, später aber wieder auf ABIF ausgedehnt. Letzteres ist falsch, ABIF ist im Hebräischen unmöglich! AWIW bzw. AWI ist kein Eigenname, sondern ein schmückendes, ehrendes Beiwort im Sinne von Vater oder Meister! [3]

2. In den alten Manuskripten.

Die brüderschaftlichen Vereinigungen der Bauhandwerker des Spätmittelalters hatten handschriftlich fixierte Statuten und Konstitutionen. Aus der Vorgeschichte der englischen Freimaurerei sind eine Reihe solcher Urkunden erhalten geblieben. Im Allgemeinen zeigen sie eine Gliederung in 3 Abschnitte: der erste Teil ist ein Gebet oder eine Anrufung, der zweite Teil enthält die legendäre Geschichte der Maurerei („*masonry*") und im dritten Teil werden die besonderen Satzungen und Vorschriften angeführt. Sucht man in den bedeutendsten dieser Urkunden nach Hinweisen auf die HIRAM-Legende, so bietet sich folgendes Ergebnis:

Das Regius-Manuskript = Halliwell Urkunde (etwa 1390), gehörte ursprünglich in die Bibliotheca Regia, wurde später vom Literaturhistoriker James Halliwell aufgefunden. Es ist die älteste Niederschrift einer masonischen Ordnung und enthält die Bezeichnung „*lodge*". Im geschichtlichen Teil wird die Sage von der Einführung der Freimaurerei in England durch König Athelstan erzählt. Die HIRAM-Legende ist nicht erwähnt.

Das Cooke-Manuskript (etwa 1430),
von Matthew Cooke herausgegeben. Das Original ist im „Middle English" der Chaucer-Zeit abgefaßt, eine Übertragung in gegenwärtiges Englisch lautet:
„*When the Children of Israel dwelt in egypt, they learned the Craft of Masonry. And afterwards they were driven out of Egypt, (and) they came into the Land of Behest, which now is called Jerusalem. And there it was employed and the Charges held and kept. And at*

the making of Solomon's Temple that King David began – King David loved well Masons, and he gave them Charges right nigh as they are now. And at the making of the Temple in Solomon's time, as it is said in the Bible, in the III Book of Kings – in tertio Regum, capitulo quinto – (that) Solomon had four score thousand Masons at his work; and the King's son of Tyre was his Master Mason."

Dieser Abschnitt aus dem geschichtlichen Teil der Urkunde enthält erstmals schriftlich niedergelegt die Verbindung des salomonischen Tempelbaues zu den Steinmetzen im England des 15. Jahrhunderts.

Dies ist die gebräuchliche deutsche Übersetzung:

„*Als die Kinder Israels in Ägypten weilten, erlernten sie das Handwerk der Steinmetzen. Und danach wurden sie aus Ägypten vertrieben,* (und) *sie kamen in das Land von Behest, das nun Jerusalem genannt wird. Und dort wurde sie* (die Kunst) *angewandt und die Charges* (Pflichten) *wurden gehalten und erhalten. Und beim Bau von Salomos Tempel, den König David begann – König David schätzte die Steinmetzen sehr, und er gab ihnen Charges, gerade so wie sie nun sind. Und beim Bau des Tempels zu Salomos Zeit, wie es in der Bibel geschrieben ist, im III. Buch der Könige – in tertio Regum, capitulo quinto –* (daß) *Salomo 80.000 Steinmetzen für sein Werk hatte; und der Sohn des Königs von Tyrus war sein Master Mason."*

Der Verfasser des Cooke-Manuskripts hat den Bibeltext mißverstanden und den „*Master Mason*" zu einen Sohn des Königs Hiram gemacht. Der Name HIRAM für einen Baumeister oder Metallbearbeiter kommt in der Urkunde nicht vor; der oben zitierte indirekte Hinweis ist alles. Spätere Verfasser von Zunftsagen der englischen Werkmaurer übernahmen diesen Irrtum, setzten jedoch Namen ein, die entweder primär entstellt oder von unkundigen Abschreibern mißgestaltet wurden.

Die Dowland-Handschrift (etwa 1550),
von James Dowland publiziert. Ein kurzes Zitat zeigt die Entstellung des Namens deutlich.

„*Furthermore, there was a King of another region whom men called Hiram, and he loved well King Solomon, and gave him timber to his work. And he had a son who was called Aynon, who was a Master of Geometry, and Chief Master of all his Masons, and Master of all his engravings and carvings, and of all kinds of Masonry that belonged to the Temple."*

„Und überdies war ein König in einem anderen Lande, den die Leute Hiram nannten, welcher König Salomo wohl liebte und ihm Bauholz zu seinem Werke gab. Und der hatte einen Sohn, der hieß Aynon und er war Meister der Geometrie und Obermeister aller Masonen und war Meister im Gravieren und Schnitzen und in jeder Art von Masoney, die zum Tempel gehörte."

Das Grand Lodge Manuskript Nr. 1 (1583).
Es wird ein Architekt und Sohn König Hirams erwähnt, welcher den Namen *Aynone* trägt. Ob diese Namensvariationen schlichte Fehlabschreibungen sind oder ob es sich um Fehltransskriptionen des hebräischen „*Adonai = Herr*" handelt, ist ungeklärt.

Das Landsdowne-Manuskript (etwa 1600).
Darin heißt es: *„König Hiram hatte einen Sohn, der war genannt a man"*. Die wirkliche Leseart sollte *Aman* sein.

Das Wood-Manuskript (1610).
Die entscheidende Textstelle lautet:
„*There was a Kinge of a northan Region, called Iram, who loved well Kinge Salomon, and gave him tymber to finishe his worke. The same Iram had a sonne called Aymon who was Master of Geometrie, and chiefe Maister of all his Masons, and was Master of all his gravemge, and carvinge worke, and of all other manner Masonrie worke, that belonged to the Temple, ..."*

„*Es gab einen König einer nördlichen Region, genannt Iram, der schätzte König Salomon sehr und gab ihm Bauholz, um sein Werk zu vollenden. Dieser Iram hatte einen Sohn namens Aymon, welcher Meister der Geometrie war und Obermeister aller Masonen sowie Meister im Gravieren und Schnitzen und in jeder anderen Art von masonischer Arbeit, die zum Tempel gehörte ...."*

Langsam entsteht in diesen Handschriften die Figur eines „Meisters" beim Tempelbau, zunächst immer als Sohn König Hirams angesehen und mit Namensvarianten bezeichnet. Niemals wird jedoch auf das weitere Schicksal dieses Mannes bzw. seinen gewaltsamen Tod hingewiesen.

Das Inigo Jones-Manuskript (1660, jedoch mindestens zurückgehend auf 1607).

„And Hiram King of Tyre sent his servants unto Solomon, ... and he sent one that was named Hiram Abif a widows son of the line of Nephtali ...."
„Und Hiram, König von Tyrus, sandte seine Knechte zu Salomon .... und er sandte einen, dessen Name war Hiram Abif, Sohn einer Witwe aus dem Stamm Nephtali ...."
Damit ist nun am Beginn des 17. Jahrhunderts etwas Entscheidendes geschehen. Dem König Hiram wird HIRAM ABIF gegenübergestellt, der Baukünstler ist kein Verwandter des Königs, sondern der Sohn einer Witwe. Der Verfasser dieser Urkunde kehrte also zum biblischen Originalbericht zurück.
Eher als Kuriosum sei noch angeführt, daß im Prüfungsritual fremder Gesellen in einer mittelalterlichen Bauhütte als erster Maurer *„Anton Hirasmus"* genannt wird. Die Namensverbindung zu ADONIRAM liegt auf der Hand.
Analog dazu wird in einem alten Fragestück ein *„Peter Gover"* bzw. *„Peter Gora"* als Meister und Lehrer der Geometrie bezeichnet. Dies ist offensichtlich die verballhornte Überlieferung von *Pythagoras*.

3. Im Ritual.

Die Terminologie der Namensgebung im maurerischen Ritual, d. h. die Mysteriensprache, ist in allen Systemen und allen Graden das Alt-Hebräische. Dies entstand sicher aus dem Bedürfnis, in Europa eine geheime, mysteriöse und nicht jedem sogleich zugängliche und verständliche Sprache zu haben. Das Lateinische war durch die christliche Kirche besetzt, das Griechische war die eigentliche Sprache des Humanismus und der Renaissance, so blieb das alte Hebräisch als fast verschollene Elite-Sprache. Die Vorstellung ist leicht verständlich, darin sei etwas Höheres, sei ein Geheimnis verborgen, welches man aber erreichen kann, wenn man zumindest das passende Wort besitzt. Und genau das war ja gewünscht – eine fremde, schwer verständliche Sprache mit Bezügen zur Bibel, zu den Wissenschaften, aber auch zur Kabbala und zur Magie.
Sprachgeschichtlich gesehen war dies aber nicht der Anfang, denn die alten astrologischen, chemischen und medizinischen Lehrbücher waren fast ausschließlich in arabischer Sprache verfaßt. Weiter gab es kaum einen mystischen Bund des Altertums, der sich nicht bei der Abfassung seiner Geheimschrift der arabischen Schriftsprache bedient hätte. Die hebräische Sprache kam erst später in Anwendung, als jüdische Gelehrte im damals islamischen Spanien (8. - 13. Jahrhun-

dert) damit begannen, diese arabischen Schriften in ihre Sprache zu übertragen. Während der Verfolgungen schafften die Juden diese übersetzten Schriften nach Holland, von wo sie sich dann über ganz Europa verbreiteten und zu Unrecht als hebräisches Geistesgut angesehen wurden, da es sich ja um Sekundärliteratur handelte.
Das Wesentliche bei der ritualmäßigen Aufarbeitung der HIRAM-Legende war, daß die biblischen Namensträger ADONIRAM, HIRAM von Tyrus und HIRAM-ABI in einer Persönlichkeit zusammengeflossen sind. HIRAM-ABI, der Metallbearbeiter, HIRAM von Tyrus, der Sohn einer Witwe und ADONIRAM, der Aufseher sowie ADONIRAM der Steuereinnehmer, welcher erschlagen wurde, sind zu einer Person, dem Baumeister und Architekten HIRAM vereinigt worden. Solange wir aber den Schöpfer der HIRAM-Legende nicht kennen, sind wir weit davon entfernt erklären zu können, welche konkreten Vorbilder ihn wohl inspiriert haben mögen.
In den Ritualen der verschiedenen maurerischen Systeme wird HIRAM gelegentlich auch ADONIRAM genannt. Manchmal werden die beiden Männer auch getrennt – HIRAM leitet den Tempelbau bis zu seiner Ermordung, ADONIRAM führt das Werk fort und vollendet es.
Es wurden aber noch andere Beziehungen zwischen den Namen HIRAM und ADONIRAM aufgedeckt. Läßt man, kabbalistischen Gedankengängen folgend, vom Wort AD-ONIR-AM den 3. - 6. Buchstaben weg, so verbleibt Adam, der Inbegriff des sterblichen Menschen. AD-OR-AM ist hingegen nichts anderes als Adam der Mensch, den das Licht, hebräisch „or" vollkommen durchdrungen hat.

Anmerkungen:

(1) Die Bezeichnung „mein Vater" bzw. „sein Vater" ist als Ehrennahme zu verstehen.

(2) Die Buchstaben *Waw* und *Jod* nehmen im Hebräischen eine Sonderstellung ein, da sie sowohl konsonant wie auch vokal artikuliert werden können.

(3) *Aleph-Bet-Jod-Waw* kann nie *Abiw* gelesen werden, da laut Grammatik das *Bet* nur am Anfang eines Wortes oder nach einer geschlossenen Silbe als *B* gesprochen wird, sonst aber als *W (Wet)*. Es

heißt also AWIW, niemals ABIW. Die Schreibweise mit *Waw* am Schluß des Wortes bedeutet AWIW = Frühling (Tel Awiw = Hügel des Frühlings). Ist allerdings am Ende des Wortes anstatt *Waw* ein *Wet*, so bedeutet es dann „seines Vaters", AWI heißt „mein Vater", und das Wort wird im alten Testament auch als ehrfuchtsvolle Anrede gebraucht.

V. DIE GROSSE ERZÄHLUNG VOM TEMPELBAU

Vom Standpunkt der Literaturgeschichte erinnert die *„Große Legende um Salomo, Hiram, die Königin von Saba und den Tempelbau"* stark an *„Tausendundeine Nacht"*. In beiden Fällen ist eine Rahmenhandlung vorgegeben, während das Geschichtenrepertoire in den einzelnen Überlieferungen ziemlich variiert, d. h. es existieren verschiedene Fassungen. Weiter stoßen Elemente aus unterschiedlichen Kulturkreisen zusammen, und es gibt eine Kurzform mit geradlinigem Handlungsablauf sowie eine große Sammlung aller Erzählungen und Nebengeschichten, worin man leicht die Orientierung verliert. Sage und Märchen, Mythisches und Legendenhaftes sind miteinander verwoben.

Die maurerische Geschichte von Salomos Tempelbau, der Königin Balkis und dem Baumeister HIRAM wird oft als Legende oder Mythos bezeichnet, auch als Märchen „abqualifiziert". Um zu solchen Fragen Stellung nehmen zu können, müssen zunächst die Begriffe definiert werden.

Märchen

Schauplatz ist die irdische Menschenwelt. Nur niedere göttliche Wesen kommen in unmittelbarer, freundlicher oder feindlicher Beziehung zum Menschen vor. Die Charakterisierung der Figuren erfolgt einfach in gut/böse, schlau/dumm und dergleichen. Das Märchen ist nicht an Ort und Zeit gebunden: es besteht ein Nebeneinander von realer und phantastischer Welt, die Kausalgesetze müssen nicht befolgt werden: Phantasie wird Wirklichkeit und umgekehrt. Noch etwas ist typisch: vom Märchen wird ein gutes Ende erwartet, während die Sage meist schlecht ausgeht.

Sage

Zunächst auf mündlicher Überlieferung beruhende Erzählungen von objektiv unwahren, oft phantastisch-wunderbaren Ereignissen. Die Sage wird jedoch subjektiv als Wahrheitsbericht empfunden, setzt also den ernsthaften Glauben der Zuhörer voraus und unterscheidet sich dadurch vom Märchen. Die Verfasser bleiben unbekannt.

Im Laufe der Zeit und im Zuge weiterer Verbreitung erfolgt eine ständige Umdeutung und Umgestaltung im Geiste der Zeit und des Umfeldes.
Im Gegensatz zum orts- und zeitlosen Märchen (*„Es war einmal ...."*) knüpft die Sage ursprünglich an einen wirklichen äußeren Anlaß an, den sie in freier Phantasie umgestaltet und ausschmückt. Beispiele sind das Nibelungenlied, die Gralssage oder König Artus und die Tafelrunde.

Mythos

Erzählungen von Göttern, Dämonen und Helden, Ereignissen aus Ur- und Vorzeit, aufbereitet als symbolische, religiöse Weltdeutung. Mythen spielen in der Welt der Götter, welche einen maßgebenden Anteil am Geschehen haben. Die Ereignisse sind nicht einmalig, sondern typisch und werden veranschaulicht durch die Mittel der Personifikation und der Schilderung von Schicksalen der Götter und Helden. Voraussetzung für den Mythos ist der Polytheismus und teilweise die Magie.
Beispiele dichterischer Ausformung von Mythen sind Ovids Metamorphosen oder Wagners Ring des Nibelungen.

Legende

Lat. legenda = das zu Lesende. Religiös-erbauliche, volkstümliche Erzählung in Versen oder Prosa; sie kreisen hauptsächlich um den irdischen Lebenslauf eines Heiligen oder einzelner seiner Wunder bzw. exemplarischer Geschehnisse daraus. Nicht zu Unrecht nannte Martin Luther dies: *„Lügenden"*.
Legenden dienen der tendenziösen Belehrung und Unterhaltung, zur Demonstration eines gottgefälligen Erdenwandels durch personifizierte Tugenden. Beispiele sind diverse Heiligen- und Märtyrerlegenden.
Obwohl man zwischen den obengenannten Erzählungsformen nicht zu scharf und grundlegend unterscheiden sollte, kommt für die HIRAM-Geschichte eigentlich nur eine Zuordnung in den Bereich der Sage in Betracht. Die oftmals gebrauchte Bezeichnung als Legende ist literaturhistorisch nicht haltbar.

Die Freimaurerei der Gegenwart ist ein Kind der Aufklärung. Eines ihrer Hauptanliegen ist der Kampf gegen Aberglauben und

das Eintreten für ein voruteilsfreies Denken. Daher ist es auf den ersten Blick merkwürdig, daß gerade diese Freimaurerei Erzählungen von sagenhaftem Charakter zum zentralen Teil ihrer Lehre und ihrer Rituale machte.
Aber die Freimaurerei erhebt auch den Anspruch, die Menschen zu geistiger Selbständigkeit führen zu können. Es ist deshalb unwesentlich, daß die freimaurerischen Traditionserzählungen keine historisch genauen Schilderungen sind. Sie sind vielmehr eine Aufforderung an jeden Eingeweihten, nach einer persönlichen Botschaft zu forschen, die ihn anspricht und ihm hilft, den Weg zu seiner eigenen Vervollkommnung zu finden.
Es gibt verschiedene Varianten der HIRAM-Sage, die sich teilweise erheblich voneinander unterscheiden. Das ist verständlich, denn die HIRAM-Erzählung ist auch Ausdruck mystischer Spekulationen innerhalb der Freimaurerei.
In einer umfassenden Version wurde die Geschichte von Gerard de Nerval 1851 veröffentlicht: *„Geschichte von der Königin des Morgens und von Soliman, dem Fürsten der Geister"*; diese Erzählung geht allerdings weit über das maurerische Gedankengut hinaus (s. Seite 57). Eine andere Fassung wurde 1863 vom Grafen Le Couteulx de Cauteleu durch das Buch *„Les sectes et sociétés secrétes"* bekanntgemacht. Charles Heckethorn folgte 1875 mit seinem Buch *„Secret Societies of all Ages and Countries"*, welches 1900 in deutscher Übersetzung erschien, und letzlich erzählte noch der militante Freimaurer-Gegner Gregor Schwartz-Bostunitsch 1933 die Geschichte.
Auf die freimaurerische Relevanz zurückgeführt und ausführlich interpretiert wurde die HIRAM-Geschichte 1946 von Edmund Troeltsch sowie 1969 durch Martin Erler und 1971 durch Peter Francis Lobkowicz.
Die nun folgende „große Sage" ist aus den verschiedenen Texten zusammengestellt und abschnittsweise durch Kommentare erläutert.

Nach dem Tode König Davids sandte dessen Sohn und Nachfolger Salomo [1] eine Botschaft an König Hiram von Tyrus:
„Wisset, daß mein Vater willens war, Gott einen Tempel zu bauen, aber von der Ausführung abgehalten wurde durch die ständigen Kriege und Unruhen, die er hatte. Meinerseits danke ich Gott für den Frieden, und deshalb habe ich die Möglichkeit, einen Tempel zu bauen; denn so ist es meinem Vater prophezeit, daß dies Haus unter meiner Herrschaft gebaut werden soll. Aus diesem Grund

bitte ich Euch, sendet mir einige Eurer handfertigsten Männer!"
Und so antwortete Hiram dem König Salomo:
„Ihr habt Grund Gott zu danken; da er Eures Vaters Königreich in Eure Hände gegeben hat; Euch sage ich dies, der Ihr ein Mann seid, weise und voll der Tugend; da keine Nachricht mir genehmer erscheint, noch ein Liebesdienst mir angemessener als dieser, ich werde alles ausführen, was Ihr verlangt. Ihr werdet uns dafür Korn liefern, welches wir benötigen, denn wir wohnen auf einer Insel".
Und Hiram, der König von Tyrus, sandte seine Diener zu Salomo, denn er war sein Freund; und er sandte Bauholz und Arbeiter, um den Bau des Tempels zu fördern; und er sandte einen Mann, der HIRAM ABIF genannt wurde, einer Witwe Sohn aus dem Stamme Naphtali; er war ein Meister der Geometrie, und war Meister all der Steinmetzen, Bildhauer, Graveure und Arbeiter, und der Gießer für Erz und andere Metalle, die für den Tempel gebraucht wurden.

Soweit folgte die Erzählung direkt dem biblischen Text. Allerdings wird in manchen Überlieferungen der Meister der Bauleute schon von Anfang an ADONIRAM bzw. ADONHIRAM genannt.

Als der Ruf von der Weisheit und den Bauten Salomos in alle Lande drang, erschien auch Balkis, die Königin von Saba, in Jerusalem, um den Weisen, wie er sich selbst betiteln ließ, zu begrüßen, ihm prächtige Geschenke zu bringen und ihm drei Rätsel aufzugeben, mit denen sie seine Weisheit prüfen wollte. Salomo jedoch hatte schon vorher den Hohepriester von Saba bestochen und die Rätsel erfahren, und so konnte er die Lösung vorbereiten lassen und bestand so die Prüfung vor der Königin.

Es sind keine authentischen Rätselfragen überliefert. In den späteren Versionen ging es fast immer um „weibliches" Wissen, um die Geschlechtlichkeit, um Kosmetik und Haushaltsprobleme. Bemerkenswert ist, daß Salomo als Schwindler dargestellt wird.

Salomo zeigte der Königin seine Herrlichkeiten und den Tempel, den er zu Ehren Jahwes erbaute. Die Königin aber wurde überall, wohin sie ging, von einem kleinen Vogel, von einem Wiedehopf, Jud-Jud gerufen, begleitet.
Als sie nun im Tempel zu dessen Fundament kamen und dort einen Weinstock mit der Wurzel ausgerissen und achtlos beiseite geworfen sahen, schrie der Vogel kläglich auf, und Balkis erfaßte sofort,

was der ausgerissene Weinstock, an dessen Stelle Salomo einen prächtigen Opferaltar errichten wollte, zu bedeuten habe. Sie sagte zu Salomo: „Du hast deinen Ruhm auf dem Grabe deiner Väter aufgebaut. Wisse denn: Der letzte König aus deinem Stamm wird wie der letzte Verbrecher an eben das Holz geheftet werden, das für dich heilig sein müßte."

Dies ist ein klarer Hinweis auf Jesus. Nach einer anderen Überlieferung war das Kreuz auf Golgatha aus Akazienholz gemacht, denn an Stelle des ausgerissenen Weinstocks wurde eine Akazie gepflanzt.

Die Augen der Königin erregten Liebe in Salomos Herz, und so warb er um sie, und sie willigte ein, Königin in Israel zu werden. Aber als er sie wieder in den Tempel führte und ihr die neuen Arbeiten zeigte, die Säulen, die Erzbilder, den Altar und die Vorbereitungen zum Guß des „Ehernen Meeres"[(2)], da erfuhr sie, daß alles das Werk eines sonderbaren, menschenscheuen Mannes mit Namen HIRAM sei, den der König von Tyrus an Salomo gesandt hatte; da war die Königin begierig, ihn von Angesicht zu sehen.
Von HIRAM kannte niemand seine Heimat, seinen Stamm, noch seine Familie. Und wenn der geheimnisvoll düstere Mann einsam und sie verachtend unter Menschen ging, tat er es mit Recht. Denn der da unter den Kindern Adams wohnte, stammte nicht von Menschen. Wohl war die Mutter der beiden erstgeborenen Brüder Abel und Kain, die Eva, auch seine Stamm-Mutter. Aber nicht Adam war sein Stamm-Vater, es war vielmehr der Lichtengel Luzifer, den die Schönheit Evas entflammt hatte, und sie hatte sich ihm nicht zu entziehen vermocht. Die Seele Kains war somit ein Funke der Seele Luzifers und aus diesem Grunde stand sie unendlich höher als die Seele Abels.
Und aus der Stammlinie des Kain entsprang schließlich HIRAM. Und das kam so:
Die beiden Brüder Kain und Abel hatten eine Schwester mit Namen Aklinia. Diese war durch Neigung mit Kain verbunden. Aber der eifersüchtige Gott bestimmte sie Abel zum Weibe. Der aus Lehm geschaffene Adam hatte eine Sklavenseele, so auch Abel, sein echter Sohn. Die Seele Kains jedoch, die einen Funken von Luzifer darstellte, war frei. Gott fing an, die freie Seele zu fürchten. Solche Ungerechtigkeit und der Undank der Eltern wie auch des Bruders veranlaßten schließlich Kain, den Abel mit dem Tode zu bestrafen. Daraufhin erklärte der ungerechte Gott, der das ganze kommende Geschlecht der freien Nachkommen Kains zu vernich-

ten beabsichtigte, den Tod Abels als unsühnbar. Aber der edle Sohn Luzifers wollte den Schmerz Adams und Evas lindern und widmete sich dem Dienst an Adams Kindern. Er lehrte sie den Ackerbau. Sein Sohn Henoch weihte sie in die Geheimnisse des sozialen Lebens ein. Dessen Nachkomme Methusalem lehrte sie die Schriftzeichen. Lamech zeigte ihnen die Vielweiberei. Dessen Sohn Tubalkain unterrichtete sie in der Erz- und Eisenarbeit. Tubalkains Schwester Naema wiederum, die seine Frau war, lehrte sie spinnen und weben. Dieser Geschwisterehe entsprang Vulkan, der Schmied. Er drang in die Tiefen der Erde hinab und rettete sich in einem Schlund des Ätna, als die Sintflut kam. Späer beschlief er die Frau Hams, des einen der drei Söhne Noahs. Der Sohn dieser Verbindung, Chus, zeugte Nimrod, den großen Jäger. Nimrod war HIRAMs Ahne.

Der Name Aklinia ist im Hebräischen unmöglich und beweist eine Einfügung aus einem anderen Kulturkreis. Dieser Teil der Sage mit der Abstammung HIRAMs gehört eindeutig der nichtchristlichen, luziferischen Gnosis an.
Die Spekulation, wonach die bisher als gut angesehenen Personen – Jahwe, Abel – als die Bösen erscheinen, die bisher als böse angesehenen – Luzifer, Kain – dagegen als die Guten, für die Menschheit wohltätigen, ist gnostisch und entspringt dem Satanismus. Letzterer ist ein Abkömmling der vorderasiatischen dualistischen Dämonenlehre und trat seit dem 11. Jahrhundert in Europa in Erscheinung. (Eine ausführliche Darstellung dieser religiösen Bewegungen liefert Karl R. H. Frick).[3]
Auch der weitere Verlauf der Erzählung ist offensichtlich aus verschiedenen Teilen, die in verschiedenen Epochen entstanden sind, zusammengesetzt.

HIRAM, der Nachkomme des Feuergenius, lebte düster und einsam unter den Kindern Adams. Niemandem verriet er das Geheimnis seiner hohen Abstammung. Allen flößte er Furcht ein. Aber die Königin von Saba entbrannte in Liebe zu ihm, als er zu ihr berufen wurde. Voll Bewunderung für seine genialen Werke begehrte sie das Heer seiner Arbeitskräfte zu sehen. Salomo, von Neid erfüllt, erklärte, das sei unmöglich. Doch HIRAM zog nur eine waagerechte Linie und von deren Mitte eine senkrechte nach unten, also das mystische Tau (T). Sogleich eilten alle Meister, Gesellen und Lehrlinge herbei, wie weit sie auch auf ihren Arbeitsstätten verstreut und verschieden von Stamm und Sprache waren; und sie stellten sich auch sofort in Reih und Glied auf. Da erkannte Balkis, daß er mehr als ein Mensch sei. Sie bereute ihr voreilig Salomo gegebenes Eheversprechen. Der aber, eifersüchtig geworden, bemerkte die auf HIRAM ruhenden Blicke der Königin.

Tau (T), der 19. Buchstabe des griechischen Alphabets, ist nicht nur ein uraltes Heils- und Schutzzeichen aus den ersten Anfängen der Menschheitsgeschichte, sondern es zieht sich wie ein roter Faden durch sämtliche Grade der Freimaurerei. In allen Johannislogen der Welt führen der Meister vom Stuhl und die beiden Aufseher den Hammer in Form eines Tau: als Zeichen der Autorität und als Zeichen mit Signalwirkung. Merkwürdig ist, daß sich in den einschlägigen Katechismen und Ritualen kaum Erläuterungen zur Auslegung dieses Symbols finden. Man kann geradezu von einem Geheimsymbol der Freimaurerei sprechen.

Aber wie groß und mächtig HIRAM auch war, feindliche Geschikke wirkten ihm entgegen. Sie vereitelten seinen Triumph in den Augen der geliebten Königin. Unzufriedene Arbeiter waren der Anlaß zu seinem Unglück. Die Tausende von Arbeitern am Tempel waren eingeteilt in Lehrlinge, Gesellen und Meister. Sie erhielten allwöchentlich ihren Lohn an der für sie bestimmten Stelle: die Lehrlinge an der Säule Jachin, die Gesellen an der Säule Boas und die Meister in der mittleren Kammer, wobei jeder, da eine andere Kontrolle nicht möglich war, dem Zahlmeister sein Gradwort ins Ohr zu flüstern hatte.

Nun waren drei Arbeiter mit ihrer Stellung als Gesellen unzufrieden und begehrten eine höhere. Es waren dies ein Syrer, der Steinmetz Phanor, ein Phönizier, der Zimmermann Amru, und ein Jude, aus dem Stamme Ruben, der Metallarbeiter Methusalem [4]. Diese drei forderten die Erhebung in den Meisterstand und damit auch die Mitteilung des geheimgehaltenen Meisterwortes. HIRAM verweigerte ihnen das geheime Wort. Sie rächten sich hierfür beim Guß des „Ehernen Meeres". Phanor mischte als Maurer Kalk in die Ziegelerde, die für die Form dienen sollte; Amru als Zimmermann machte die Balken unter der Form länger, als sie sein sollten, damit sie beim Guß in Brand gerieten und Methusalem mengte als Metallarbeiter in den Guß Schwefel aus dem vergifteten Meer von Gomorra. Diesen Verrat erfuhr ein HIRAM zugetaner junger Arbeiter mit Namen Benoni. Er lief daraufhin zu Salomo und flehte ihn an, den Guß nicht stattfinden zu lassen. Salomo jedoch freute sich, als er dies erfuhr. Jetzt sollte sein Rivale bei der Königin kläglich zuschanden kommen. Er befahl trotz der Warnung den Guß.

Hier trennt sich die Erzählung in zwei völlig unterschiedliche Varianten. In der häufiger tradierten Fassung empfand König Salomo Furcht vor der unheimlichen Macht des großen Meisters und war überdies eifersüchtig; er unterstützte die Intrige, die schließlich zum Tode HIRAMs führte. In der anderen Variante hat Salomo von dem Sabotageakt keine Ahnung.

Die von den verräterischen Gesellen verderbte Form barst unter dem Druck des flüssigen Erzes. Aus den Rissen spritzte flüssiges Feuer. HIRAM, von der Erscheinung verwirrt, befahl, Wasser auf die Stützpfeiler zu gießen. Dieses verwandelte sich jedoch durch die Glut des Feuers in Dampf, der wiederum das flüssige Erz umherschleuderte. Tod und Verderben wurde unter die Menge des dem Guß beiwohnenden Volkes gesät. Benoni fand bei dem Versuch, das Unglück zu verhüten, den Tod. Der große Meister stand vor der Königin in Schimpf und Schande.
Da hörte er aus der Tiefe des rasenden Feuers dreimal geheimnisvoll seinen Namen rufen. Ein Genius des Feuers rief ihn. Unter seinem Schutz betrat HIRAM das verderbliche Element, das ihm nun nichts mehr anhaben konnte. Die Erscheinung führte ihn zu seiner unaussprechlichen Seligkeit in den Mittelpunkt der Erde, in das Zentrum der Weltseele, in das Reich Kains, wo die Freiheit thront. [5]
Bis hierhin reichte die Tyrannis der bösen Gottheit nicht. Dort kann man, seine ohnmächtige Wut verlachend, die Früchte des Baumes der Erkenntnis genießen. „Da ist das Reich deiner Väter", sagt die Erscheinung zu ihm. „Wer bist du?" fragt HIRAM. Die Erscheinung antwortet: „Ich bin der Vater deiner Väter, ich bin der Sohn Lamechs, der Enkel Kains, ich bin Tubalkain. [6]"
Im Heiligtum des Feuers offenbarte Tubalkain dem HIRAM das Geheimnis Gottes. Dieser sei der Feind seines eigenen Geschöpfes, weil er ihm für das Wissen, das ihm die Geister des Feuers verliehen, den Tod bestimmte. Auch die niedrigen Leidenschaften der Gottheit enthüllte der Ahnherr dem HIRAM, auch seine Ohnmacht und den endlichen Sieg des höheren Geistes und Gebieters des Feuers. Schließlich erscheint Luzifer selbst und Kain erzählt ihm die leidvolle Geschichte HIRAMs. Er stellt ihm jene seiner Ahnen vor, die noch vor der Sintflut lebten und ihm, Kain, huldigten. Die sich nach der Sintflut zu ihm bekannten, konnte er HIRAM nicht zeigen, da die Erde ihre Leiber noch verwahrt. Die Seelen aber sind schon in die Seele Kains eingegangen, die zugleich die Weltseele ist. Am Schluß hört HIRAM noch die Stimme Vulkans, der ihm eine glorreiche Zukunft seines Geschlechtes weissagt.
Aus dem Heiligtum des Feuers wurde HIRAM auf die Erde zurückgeführt. Für einen Augenlick kehrte auch Tubalkain mit

ihm zurück. Der übergab ihm zum Abschied einen Hammer, mit dem er einst den Schlund des Ätna geöffnet hatte. Der Hammer sollte seine Kräfte neu beleben und es ihm möglich machen, das „Eherne Meer" zu vollenden. Mit seiner Kraft besserte HIRAM im Nu seine Schöpfung aus. Schon am nächsten Morgen konnte das Volk und die Königin sie vollendet schauen. Das Staunen hierüber war ungeheuer. Nur Salomos Herz war voll Finsternis und Haß.

Da ging Balkis mit ihren Frauen vor die Mauern Jerusalems. Von einer Ahnung geleitet, suchte sie die Einsamkeit. Auch HIRAM ging, zuwider der Lobpreisung durch die Kinder Adams, dorthin. Sie begegneten sich und gestanden einander ihre Liebe. Da machte HIRAM das Zeichen des mystischen Tau in die Luft. Sogleich flog der kleine Vogel Jud-Jud als Sendling des Genius des Feuers, der ohnehin Salomo abgeneigt war, heran und flatterte um HIRAM herum, um sich voller Freude auf seine Hand zu setzen. Da erkannte Balkis´ Amme das Zeichen. Sie sagte: „Die Prophezeihung des Orakels hat sich erfüllt. Jud-Jud hat den Gatten erkannt, den die Genien des Feuers Balkis vorbestimmt haben. Mit ihm allein darfst du dich vereinigen, ohne das Gesetz zu übertreten."
Ohne Zögern gaben sich Balkis und HIRAM einander hin. Wie jedoch sollten sie der Eifersucht Salomos entgehen? Wie das ihm gegebene Versprechen einlösen? Sie beschlossen, daß zuerst HIRAM heimlich Jerusalem verlassen sollte, nach ihm dann Balkis, auf daß sie einander für immer angehören konnten. Aber die Feinde waren wachsam. Phanor, Amru und Methusalem hinterbrachten dem König die intimen Beziehungen HIRAMs zu Balkis. Salomo rief den Hohepriester und beriet mit ihm die Rache. Als dann am anderen Morgen HIRAM vor den König trat und ihn in seine Heimat zu dem guten König Hiram zu entlassen bat, da der Tempelbau vollendet sei, gewährte ihm Salomo seine Bitte und versicherte ihn seines unwandelbaren Wohlwollens.
Hinterher aber rief er die drei Gesellen zu sich und sagte zu ihnen: „HIRAM verläßt uns. Er wird heute zum letzten Male den Arbeitern den Lohn auszahlen. Nun sind etliche Meister gestorben, die müssen ersetzt werden. Geht denn heute Abend nach der Auszahlung zu HIRAM und verlangt von ihm, daß er euch in den Meisterstand einweihe. Weiht er euch ein, so habt ihr auch mein Vertrauen. Tut er es nicht, kommt morgen zu mir, dann werde ich Gericht über ihn halten, wenn nicht Gott ihn bis dahin schon verläßt und ihm das Mal seiner Abkehr von ihm aufdrückt."

Balkis nahm unterdessen Abschied von dem Geliebten und begab sich zu dem Festgelage, das Salomo für sie bereitet hatte. Bei dem Fest trank Salomo unmäßig und wurde in seiner Lüsternheit gegen die Königin immer zudringlicher. Die munterte ihn immer mehr zum Trinken auf. Als er völlig betrunken war, zog sie ihm den Ring vom Finger, mit dem sie sich ihm verlobt hatte. So war sie ihres Versprechens ledig. Ein arabischer Hengst trug sie im Fluge zurück in ihr Reich nach Saba.

Damit verschwindet die Königin von Saba aus der Geschichte, und die Handlung strebt nun dem Höhepunkt zu, dem Attentat auf HIRAM. Aber auch hier zeigt die Überlieferung Varianten. Unsere bisher vorgetragene Erzählung setzt sich folgendermaßen fort:

HIRAM hatte währenddessen die Auszahlung des Arbeitslohnes beendet und wollte eben den leeren Tempel durch den Westeingang verlassen, da hielt ihn Methusalem auf und verlangte von ihm das Meisterwort. Er gedachte, damit bei den Lohnzahlungen Betrug zu üben.
Er sprach: „Seit langem arbeite ich im unteren Range und fordere von dir meine Beförderung."
HIRAM antwortete: „Du weißt, daß ich allein diesen Vertrag nicht gewähren kann. Wenn du dich der Beförderung würdig erachtest, so stelle dich der Versammlung der Meister vor, die nach Recht und Gesetz mit dir verfahren wird."
„Ich will aber nicht länger warten und ich werde den Ausgang nicht frei geben, bis du mir das Meisterwort mitgeteilt hast", war die Gegenrede.
HIRAM sprach: „Du Unglückseliger, auf solche Weise darfst du das Wort nicht fordern. Arbeite, und der Lohn wird dir zuteil." Da schlug der Geselle mit der Elle nach der Kehle HIRAMs. HIRAM wandte sich zum Tor des Südens. Hier stellte sich ihm der zweite Geselle in den Weg.
„Gib mir das Meisterwort und die heiligen Erkennungszeichen", forderte er. Als ihm diese vom Meister verweigert wurden, schlug er ihm mit dem Winkelmaß auf das Herz.
Schwer verwundet wandte sich HIRAM zum Tor im Osten. Unterwegs warf er das heilige goldene Dreieck in den Brunnen, damit es nicht in die Hände von Uneingeweihten falle.
Am Osttor wartete auf ihn Amru mit derselben Forderung, und da er auch ihm das Wort verweigerte und ihm zurief: „Elender, eher

sterbe ich, als daß ich das Meisterwort verrate", versetzte ihm Amru mit dem Hammer den tödlichen Schlag auf die Stirn.
Nach der Tat kam eine große Angst über die Täter. Sie nahmen HIRAMs Leichnam, trugen ihn vor die Stadt und begruben ihn dort. Um die Stelle wiederzufinden, steckten sie einen Akazienzweig in das lockere Erdreich. Als König Salomo am anderen Morgen sich ernüchtert erhob, bemerkte er den Betrug und die Flucht der Königin von Saba. Er fluchte seinem Gott und dessen Priester. Doch da trat vor ihn der Prophet Achia aus Silo und brachte sein Rasen zum Schweigen mit den Worten: „Wisse, König, es steht geschrieben: „Wer Kain erschlägt, der soll sieben Mal gerächt werden, aber Lamech siebenundsiebzig Mal. Wer es aber wagen sollte, das Blut Kains und Lamechs in der Person HIRAMs zu vergießen, den muß die Strafe siebenhundertundsieben mal treffen." Damit er nicht solche Strafe auf sich lade, beschloß Salomo, den Leichnam HIRAMs suchen zu lassen.
Drei mal drei der ältesten Meister zogen aus, den Toten zu suchen. Einer inneren Stimme folgend, stiegen sie zu einer Anhöhe empor, um dort zu rasten. Als einer die frisch aufgeworfene Erde erblickte und den Akazienzweig anfaßte, merkte er, daß er nicht fest eingewurzelt sei. So fanden sie das Grab des Meisters. Dort traten sie ins Zeichen des Entsetzens. Salomo und die Meister glaubten nun, daß die Mörder HIRAM das Meisterwort abgenötigt hätten und daß dieses Wort bereits vielen bekannt sei. Darum wurde vereinbart, daß das erste Wort, das einer der Meister bei der Ausgrabung der Leiche unbeabsichtigt spräche, als neues Meisterwort gelten solle.
Um Mitternacht begaben sich die mit der Ausgrabung betrauten Meister auf die Anhöhe, wo sie HIRAMs Grab gefunden hatten. Drei begannen an der Stelle, wo der Akazienzweig eingesteckt war, zu graben. Obwohl die Nacht ohne Mond und Sterne war, leuchtete ihnen ein besonderes Licht. So legten sie den Leichnam frei. Der erste Meister versuchte die rechte Hand des Toten am kleinen Finger zu ergreifen, doch er fand, daß sich die Haut vom Fleische löste. Der Zweite ergriff die ganze Hand, aber das Fleisch löste sich von den Knochen. Erschreckt rief er: „Mak benak!" Dieses Wort wurde zum neuen Meisterwort bestimmt.
Die Meister wickelten nun den Leib des „unglücklichen Vaters" in ihre Schurzfelle und brachten ihn zum Tempel. HIRAM wurde unter dem Altar des Tempels begraben. Die neun Meister, die den Leichnam HIRAMs geborgen hatten, wurden von Salomo besonders ausgezeichnet. Er gab jedem einen silbernen Totenkopf, der „zum

Beweise ihrer Unschuld" an einem schwarzen Bande mit drei weißen Streifen um den Hals zu tragen war.

Nachdem HIRAM die letzten Ehren erwiesen waren, schickte Salomo siebenundzwanzig Meister auf die Suche nach den Mördern. Sie teilten sich in Gruppen und zogen in alle Himmelsrichtungen. Die Gruppe, die den westlichen Kurs einschlug, kam zu der Stadt Joppa, wo sie einen Seemann fragten, ob Fremdlinge vorbeigekommen wären. Dieser bejahte und erklärte, daß drei Männer, ihres Zeichens Arbeiter am Tempel, weil sie weiße Handschuhe und Schürzen trugen, um Schiffspassagen nach Äthiopien nachgesucht hätten. Da aber König Salomo verboten hatte, ohne Paß das Land zu verlassen, wurden sie abgewiesen und kehrten ins Landesinnere zurück.

König Salomo sandte die Gruppe, die mit dieser Nachricht zurückkam, wieder aus, um die drei zu finden und den Mord zu rächen. Methusalem wurde in einer Höhle aufgegriffen. Neben ihm brannte eine Lampe, und zu seinen Füßen rieselte ein Bach. Zu seiner Verteidigung lag neben ihm ein Dolch. Der in die Höhle eindringende Meister erkannte den Mörder, ergriff den Dolch und stieß mit dem Wort „Nekum" (Rache) zu. Seine Kehle wurde durchschnitten und sein Kopf vor Salomo gebracht. Er erbebte bei diesem Anblick und sagte zu dem Mörder des Mörders: „Unglücklicher, wußtest du nicht, daß ich mir das Recht der Strafe vorbehalten hatte?" Darauf fielen alle Meister auf die Knie und baten um Gnade für den, den sein Eifer zu weit getrieben hatte.

Der zweite Mörder wurde von einem Mann verraten, der ihm Zuflucht gewährt hatte. Er war hinter einem Felsen bei einem brennenden Gehölz versteckt, über dem ein Regenbogen glänzte. Ein Hund lag neben ihm. Die Meister täuschten den wachsamen Hund, ergriffen den Schuldigen, der in seiner Todesangst klagte „Oh, daß mein Herz mir aus der Brust gerissen werde, da ich Beihilfe leistete zum Mord an HIRAM." Er wurde gebunden und nach Jerusalem geführt. Dort erlitt Phanor die Strafe, die er sich selbst gesetzt hatte.

Der Dritte, Amru, verirrte sich in der Wüste. Als er klagte: „Oh, daß mein Körper geviertelt wäre, denn ich bin der Schlechteste der Schlechten, der Mörder des HIRAM", soll er von den Meistern entdeckt worden sein. Er wehrte sich mit Beilhieben gegen sie, wurde aber schließlich überwältigt und vor Salomo geführt, der ihn vierteilen ließ.

Trotz der feierlichen Beerdigung HIRAMs und der Rache an seinen Mördern fand Salomo keine Ruhe mehr. Der Schluß der Erzählung in dieser Version lautet:

Umsonst waren seine Gebete um Gnade und Schonung. Die Weltseele gewährte sie ihm nicht. Dem von ihm geschaffenen Königsthron drohte Unheil und Sturz von einem winzigen Insekt: dem Holzwurm. Dieser nagt still und unablässig, und nach 224 Jahren bricht der Thron, der die ganze Welt zu beherrschen schien, mit furchtbarem Getöse zusammen, so daß der ganze Kosmos davon mit Schrecken erfüllt wird.

Eine zweite, anderslautende Version der Ermordnung HIRAMs und der begleitenden Ereignisse ist folgende.

Es waren anfangs 15 Gesellen, die, da sie sahen, daß der Tempelbau bald beendigt sein würde, sie aber das Meisterwort noch nicht bekommen hatten, aus Ungeduld die Verabredung trafen, daß sie solches ihrem Meister HIRAM bei der ersten Gelegenheit, wo sie mit ihm allein würden zusammentreffen können, abringen wollten, damit sie in anderen Ländern für Meister gelten und den Lohn der Meister erhalten möchten. Ehe sie aber ihren Anschlag ausführen konnten, gaben zwölf von ihnen denselben auf. Die drei übrigen beharrten dagegen darauf und beschlossen, gewaltsame Mittel anzuwenden, sofern es auf andere Art nicht gelingen wollte. Ihre Namen waren Jubela, Jubelo und Jubelum.
Da HIRAM von jeher gewohnt war, um die Mittagszeit, sobald man die Arbeiter zur Erholung abgerufen hatte, sich in das Allerheiligste zu begeben, um sein Gebet [7] an den wahren und lebendigen Gott zu richten, stellten sich die vorerwähnten Meuchelmörder an die Tore des Tempels, im Osten, Westen und Süden. Auf der Nordseite befand sich kein Eingang, weil von dieser Himmelsgegend her die Sonne keine Strahlen wirft.
Als HIRAM sein Gebet an den Herrn beendigt hatte und zum östlichen Tor kam, fand er es von Jubela besetzt, der ihm mit Ungestüm den Meistergriff abforderte, von HIRAM aber die Antwort bekam: „Es sei nicht gebräuchlich, denselben in einem solchen Tone zu begehren. Er selbst habe ihn auch nicht so erhalten." HIRAM setzte hinzu: „Er müsse warten. Zeit und Geduld würden ihn dazu gelangen lassen." Ferner sagte er zu ihm: „Es sei nicht in seiner Macht allein, den Meistergriff zu entdecken, vielmehr könne dies nur in Gegenwart Salomos, Königs von Israel, und Hirams, Königs von Tyrus geschehen." Voll Verdruß über diese Antwort gab Jubela ihm mit einem vierundzwanzigzölligen Maßstab einen Streich quer über den Hals.

Nach dieser Behandlung floh HIRAM nach dem südlichen Tor des Tempels, wo er den Jubelo antraf, der des Meisters Griff und Wort auf gleiche Art, wie zuvor Jubela, von ihm begehrte. Und da er von seinem Meister die gleiche Antwort erhielt, versetzte er ihm mit einem Winkelmaß einen heftigen Schlag auf dessen linke Brust, so daß er ihn zum Taumeln brachte. Nachdem HIRAM seine Kräfte wieder gesammelt hatte, lief er nach dem westlichen Tor, dem einzigen ihm zur Flucht gebliebenen Ausweg.

Hier richtete Jubelum, der jenen Ausgang besetzt hielt, eine Frage in gleichem Sinne an ihn. Als er aber diesem ebenso, wie den ersten beiden, entgegenet hatte, bekam er einen schrecklichen Schlag auf seinen Kopf mit einem Schlägel oder Spitzhammer, welcher seinen Tod verursachte.

Hierauf schleppten sie den Leichnam zum westlichen Tor heraus und verbargen ihn unter einem Schutthaufen bis zum Glockenschlag zwölf der nächsten Nacht. Der Verabredung gemäß verscharrten sie gemeinsam den Leichnam an der Seite eines Hügels in ein Grab, welches sechs Fuß in senkrechter Richtung und genau von Osten nach Westen auszuheben war.

Da nun HIRAM sich nicht wie gewöhnlich einfand, um nach den Arbeiten zu sehen, ließ König Salomo Nachforschungen anstellen. Als aber diese ohne Erfolg blieben, hielt man HIRAM für tot. Jene zwölf Gesellen, die den obenerwähnten Anschlag aufgegeben hatten, gingen, von Gewissensbissen gequält, zu Salomo, zum Zeichen ihrer Unschuld in weiße Schürzen und Handschuhe gekleidet. Sie berichteten ihm von allem, wovon sie wußten. Sie erboten sich auch, die drei anderen Gesellen, die sich versteckt hatten, ausfindig machen zu helfen. Sie trennten sich und bildeten vier Gruppen, von denen je drei nach Osten, Westen, Norden und Süden gingen, um die Mörder aufzuspüren.

Einer dieser zwölf, der am Meer bei Joppa seinen Weg genommen hatte, setzte sich ermüdet nieder, um sich zu erholen. Bald aber wurde er aufgeschreckt durch gräßliche Ausrufe, die aus einer Felsenkluft zu vernehmen waren: „O daß mir der Hals abgeschnitten, meine Zunge bei der Wurzel herausgerissen und verscharrt worden sein möchte im Sande des Meeres bei niedrigem Wasserstande, eine Kabeltaulänge von der Küste, wo Ebbe und Flut zweimal in vierundzwanzig Stunden wechselt, bevor ich einwilligte in den Tod unseres Großmeisters HIRAM!"

„O", sagte ein zweiter, „möchte doch lieber mein Herz unterhalb meiner nackten linken Brust herausgerissen und eine Beute der

Raubtiere in der Luft geworden sein, als daß ich teilnahm an dem Mord eines so guten Meisters!"
„Ich aber", sagte ein dritter, „schlug ihn weit stärker als ihr beide. Ich war es, der ihm den Todesstreich versetzte. O wenn doch mein Körper in zwei Teile zertrennt und diese nach Süden und Norden verstreut, meine Eingeweide in Süden zu Asche verbrannt und zwischen den vier Winden der Erde verstreut worden wäre, bevor ich die Ursache an dem Tod unseres Meisters HIRAM wurde!"
Als der Geselle dies hörte, suchte er seine beiden Spießgesellen auf. Sie drangen in die Felsenkluft ein, ergriffen die Mörder, banden sie und brachten sie zum König Salomo, vor dem sie ihre Schuld freiwillig gestanden und um ihre Hinrichtung baten. Das über sie ausgesprochene Urteil besagte das gleiche, was sie in ihrer Wehklage in der Kluft ausgedrückt hatten. Jubelas Hals wurde abgeschnitten, Jubelos Herz unterhalb seiner linken Brust herausgerissen und Jubelums Körper in zwei Teile getrennt und diese nach Süden und Norden verstreut.
Nach der Hinrichtung ließ König Salomo die zwölf Gesellen holen und befahl ihnen, HIRAMs Leiche herbeizuschaffen, damit er auf eine feierliche Art in dem Sanctum Sanctorum beerdigt würde. Auch gab er ihnen zu erkennen, daß, wenn sie nicht ein Schlüsselwort um ihn finden könnten, dieses verloren sei. Weil nur drei Personen in der Welt vorhanden wären, denen es bekannt sei, könne es nicht abgegeben werden, wenn diese nicht beisammen wären.
Da nun HIRAM tot ist, sei dessen Verlust entschieden. Sie gingen, wie Salomo befohlen hatte, räumten den Schutthaufen weg und fanden ihren Meister in einem ganz zerstörten Zustand. So hatte er fünfzehn Tage gelegen. Bei dem Anblick streckten sie vor Entsetzen ihre Hände über ihre Köpfe empor und riefen: „O Herr, mein Gott!" („Adonai Elohim"). Da dies das erste Wort und Zeichen war, nahm es König Salomo als das Zeichen eines Meistermaurers an. So wird es bis auf den heutigen Tag in allen Meisterlogen gebraucht.

Eine dritte Variante der Erzählung reicht mit der Schilderung der Ereignisse nach HIRAMs Ermordung in die gegenwärtige Hochgradritualistik hinein. Der wesentliche Handlungsablauf stellt sich wie folgt dar:

Da der Tempelbau noch nicht vollendet war, mußte Salomo den Posten des Bauleiters und Architekten neu besetzen. Er berief dazu ADONIRAM, welcher der Aufseher über die Arbeiten am Libanon gewesen war und nun zum ersten Großinspektor des Baues ernannt wurde.

Sodann gab Salomo seinem Großinspektor ADONIRAM genaue Anweisung, die Beisetzungsfeierlichkeiten mit großer Pracht vorzubereiten, und befahl, daß alle in weißem Schurz zugegen sein sollten. Den siebenundzwanzig Meistern gab er als Belohnung ein gleichseitiges silbernes Dreieck mit einem Totenkopf darin und gestattete ihnen, jederzeit zu ihm zu kommen.
ADONIRAM entwarf bald einen Plan für ein stattliches Denkmal aus weißem und schwarzem Marmor, welcher in neun Tagen ausgeführt wurde. Das Herz HIRAMs wurde in eine goldene Urne eingeschlossen und während neun Tagen auf der dritten Stufe der Treppe zum Allerheiligsten ausgestellt. Die Meister kamen, um ihrem Schmerz Ausdruck zu verleihen, indem sie auf der ersten Stufe zum Sanctum Sanctorum niederknieten. Der Obelisk war dreieckig, auf jeder der drei Seiten lag ein rauher Stein; um ihn herum standen sechzehn Säulen, das Ganze war mit einem Geländer eingefaßt.
Als nach Verlauf von neun Tagen das Denkmal fertig war, wurde die Urne mit ihrem Inhalt auf seine Spitze gestellt und mit einem Kranz von Lorbeer- und Olivenzweigen geschmückt. Sie stand auf einem dreieckigen Marmorstein, auf welchem in hebräischen Zeichen die Buchstaben J B M eingemeißelt waren. Der Obelisk war an der Westseite des Tempels, ein wenig nördlich des westlichen Tores, aufgestellt, um den Platz zu bezeichnen, wo die Mörder zuerst den Leichnam in einem Brunnen versteckt hatten, bevor sie ihn an die Stelle trugen, wo er unter der Akazie gefunden wurde. Der Leichnam unseres ehrwürdigen Meisters aber wurde mit großer Pracht in einem Gewölbe unter dem Kapitelraum, der in einiger Entfernung vom Tempel errichtet war und zu dem ein gewölbter Eingang unter der Erde an der Nordseite des Tempels führte, gerade unter dem Thronsitz, beigesetzt.

Durch die Anordnungen Salomos und durch die Tätigkeit ADONIRAMs als Großinspektor wurde der Tempelbau nach einer Bauzeit von insgesamt 7 Jahren fertiggestellt.
Als nun der Tempel in seiner Pracht vollendet war und das Gerücht von seiner Großartigkeit sich über alle Lande verbreitet hatte, kamen aus allen benachbarten Ländern Gesandtschaften herbei, um Salomo zu dem herrlichen Bau zu beglückwünschen, reiche Geschenke darzubringen und bei der Einweihung zugegenzusein. Aber die Königin von Saba begnügte sich nicht, eine Gesandtschaft nach Jerusalem zu schicken, sondern machte sich in eigener Person

auf, um den Feierlichkeiten der Einweihung beizuwohnen und bei dieser Gelegenheit Salomos Weisheit, von der die damalige Welt erfüllt war, kennenzulernen.
Am festgesetzten Tag begab sich die Königin, umgeben von einem zahlreichen und glänzenden Gefolge, zum Tempel, wo sie von Salomo am Eingang erwartet wurde. Da bemerkte Salomo seinen Großmeister ADONIRAM bescheiden an der Seite stehen, und da er ihn der Königin vorstellen wollte, winkte er ihn zu sich heran. Sei es nun aus Bescheidenheit oder daß er den Wink Salomos mißverstand, ADONIRAM zögerte und Salomo winkte ihm noch zweimal zu, worauf sich ADONIRAM dem König und der Königin näherte und sich in Gehorsam auf das Knie niederlassen wollte. Salomo jedoch ergriff seine rechte Hand und hinderte ihn am Niederknien, indem er ihn mit einem besonderen Griff zu sich heranzog und ihn damit zum Großen Auserwählten und Vollkommenen Meister machte.

Die Varianten, in denen die „Große Erzählung vom Tempelbau" überliefert ist, sind so unterschiedlich, daß sie einander oftmals direkt widersprechen und auch die Charaktere der Personen völlig verschieden zeichnen. Ob dies auf mehrere Stränge der Überlieferung zurückgeht, ob hier spätere Einfügungen ein einheitliches Gesamtbild stören, ob die Rituale verschiedener maurerischer Systeme die Erzählung mit Absicht veränderten oder ob es als ein überwucherndes orientalisches Märchen nicht mehr zu bändigen war, ist ungeklärt.
Besonders die Gestalt HIRAMs erleidet das Schicksal von Sherlock Holmes oder Kara ben Nemsis: es wird literarisch und rituell suggeriert, er habe wirklich als Person in dieser Art gelebt. Wir müssen uns aber damit abfinden, daß es dafür keinerlei Beweis gibt.

Eines steht jedenfalls fest: die HIRAM-Erzählung erfährt in der Freimaurerei zwei verschiedene Darstellungen und Auslegungen, denn ihr Inhalt in der Johannis-Maurerei unterscheidet sich grundlegend vom Symbolgehalt der Erzählung in den Hochgraden. Diese Frage von Tradition und Ritual in den verschiedenen Systemen wird im Kapitel VIII aufgegriffen.
Am Schluß einer Wiedergabe der *„Großen Erzählung vom Tempelbau"* muß ausführlicher auf das Werk Gerard de Nervals (1808 - 1855) eingegangen werden. Nach einer Reise durch den nahen Osten (1843) veröffentlichte dieser französische Romantiker 1851

ein, in heutiger Ausgabe über 900 Seiten starkes Buch, „*Reise in den Orient*". Darin findet sich die Erzählung „*Geschichte von der Königin des Morgens und von Soliman, dem Fürsten der Geister*" (110 Seiten). Dies ist die ausführlichste Version der HIRAM-Geschichte, die je im Druck erschien. Nerval läßt sie von einem professionellen Märchenerzähler in Konstantinopel vortragen und berichtet von einem „*schon auf verschiedenerlei Art behandeltem oder auf alten Legenden beruhendem Thema*". Diese Angabe, er habe die Geschichte von einem orientalischen Rhapsoden, ist aber sicherlich eine Mystifikation; er wollte nicht merken lassen, daß er den Stoff der Freimaurerei entnommen hat. Diese wird auch nicht andeutungsweise erwähnt.

Aber Nerval war Mitglied eines literarischen Zirkels, dem auch Charles Nodier, Charles Baudelaire, Théophile Gautier und Victor Hugo angehörten. Sie alle waren mit Mysterien und Esoterik vertraut. Nerval selbst plante vor Antritt seiner Reise ein Opernlibretto „*La Reine de Saba*". Es ist nicht bekannt, ob der Dichter selbst Freimaurer war, aber er wußte mit Sicherheit, daß seine Erzählung die zentrale Überlieferung der Freimaurerei darstellte. Weshalb Nerval sie preisgab und in die profane Literatur hineinschmuggelte, bleibt ungeklärt; er selbst endete 47-jährig durch Selbstmord.

Anmerkungen:

(1) In der islamischen Version: Soliman Ben-Daoud.

(2) Ein großes metallenes Wasserbecken.

(3) Gnosis (griech. Erkenntnis), versteht sich als Einsicht in die Welt des Übersinnlichen, wobei im Glauben versteckte Mysterien erkannt werden. Die nichtchristliche Gnosis vereinigt altorientalische, jüdische, platonische und pythagoräische Elemente zu einer eklektizistischen Mystik. Charakteristisch ist die Lehre von einem Dualismus, einer guten und einer bösen Welt von Anfang an, worin sich allerdings die gängigen christlichen Glaubensvorstellungen umkehren: nur Luzifer, der von den Juden-Christen verstoßene Lichtgott ist anbetungswürdig, Jahwe ist dagegen der verdammungswürdige böse Gott.

(4) In anderen Versionen werden andere Namen genannt.

1.Geselle:	Jubela	2.Geselle:	Jubelo	3.Geselle:	Jubelum
	Giblon		Giblas		Giblos
	Ahiram		Romvel		Gravelot
	Hobbden		Sterkin		Austerfuth
	Abiram		Miphiboset		Oterfut

(5) Die Höllenfahrt HIRAMs ist ein altverbreitetes Sagen- und Mythenmotiv: Gilgamesch, Odysseus, Theseus, Aeneas, Jesus.

(6) Dies stimmt mit der biblischen Genealogie nicht überein. Es wird auch immer behauptet, daß der Name Tubalkain aus einer semitischen Sprachwurzel stammt und *„Schmied"* bedeuten soll; das ist nicht gesichert. Im Arabischen heißt *„Tuwalka'in"* ganz einfach *„Geweihte"*.

(7) Hier besteht ein eklatanter Widerspruch, wenn HIRAM in einem noch nicht fertiggestellten und daher noch nicht geweihten Tempel betet.

VI. DIE WURZELN DER MAUERERISCHEN HIRAM-ERZÄHLUNG

Wie wir gesehen haben, handelt es sich um eine manchmal etwas unbeholfene Kompilation verschiedener Handlungsstränge und Motive, ausgestaltet zu einer Kunstsage, welche an ein bestimmtes Zielpublikum gerichtet ist. Dies wird deutlich erkennbar z. B. an der Ermordung HIRAMs in drei Etappen, einer Eigenheit, die nur auf die Freimaurerei zugeschnitten ist.
Die gesamte Sage vom ermordeten Baumeister ist in keiner der klassischen schriftlichen antiken Quellen bzw. Geschichtsbücher aus dem Mittelalter aufzufinden.
Stellt man die verschiedenen Texte, welche um das Thema „*Salomonischer Tempelbau – Königin von Saba – Hiram von Tyrus – Mord und Entdeckung der Leiche eines Baumeisters – Wiedererweckungsversuche*" kreisen, systematisch zusammen, so erkennt man deutlich, wie stark jüdische, islamische, christliche, griechisch-römische, ägyptische und magisch-mystische Komponenten miteinander verwoben sind. Nimmt man diese Bausteine, die ursprünglich nichts miteinander zu tun hatten, wieder auseinander, so entsteht etwa eine solche Übersicht:

1. Die Berichte im alten Testament.

2. Samuel 20, 24 ; 1. Könige 4, 1 - 6 ; 1. Könige 5, 5, 15 - 32 ; 1. Könige 7, 13 - 45 ; 1. Könige 10, 1 - 13 ; 1. Könige 12, 17 - 18 ; 2. Chronik 1, 18 - 2, 13 ; 2. Chronik 9, 1 - 12 ; 2. Chronik 10, 18.
Es handelt sich um Berichte historischen Charakters mit religiös-israelitischem Hintergrund.
Ein Hinweis auf den gewaltsamen Tod des Baumeisters fehlt.

2. Jüdisch-historische Überlieferung.

Flavius Josephus, „*Jüdische Altertümer*" VII 3, 2; VIII 2, 9; VIII 3, 4; VIII 6, 5 - 6.
Der Bericht von Josephus ist praktisch eine Parallelversion zu den biblischen Texten.

3. Außerbiblische legendenhaft magische Überlieferung.

Jacobus de Voragine, „*Legenda aurea*" (1263 - 1273 n. Chr.). In dieser Sammlung christlicher Legenden und Mythen wird wohl der salomonische Tempelbau erwähnt – aber weiter nichts.

„*Testament Salomons, Sohn David, der in Jerusalem König war und der Herr über alle Geister der Luft, auf der Erde und unter der Erde war. Durch sie bewirkte er auch alle transzendenten Werke des Tempels*" (1483 geschriebener Kodex, angeblich beruhend auf einer griechischen Vorlage aus dem 4. Jahrhundert n. Chr.). Der für das magische Schrifttum typische Text erzählt die Geschichte vom Bau des Tempels mit Hilfe der Geister und Dämonen sowie den Besuch der Königin von Saba. Interessant ist die Passage über die Einsetzung des Schlußsteines zur Vollendung des Baues (22, 7 - 8):

Nun war Jerusalem gebaut,
der Tempel fertig.
Noch lag ein großer Schlußstein da;
Ich wollt beim Abschlusse des Tempelhauses
zum Hauptschlußstein ihn machen.
Da kamen alle Bauleute zusammen
und alle Dämonen, die mitgeholfen,
und wollten diesen Stein hinaufschaffen
und auf die Tempelzinne bringen;
sie konnten ihn aber nicht von dem Platz bewegen.

Es folgt nun das Einfangen, die magische Bindung und Verbringung des Geistes der Luft vor Salomo, der zu ihm spricht (23, 1 - 4):

Ich frage ihn:
Was kannst Du mir nun leisten?
Er sagt:
Ich bin imstande, Berge zu versetzen
und Häuser fortzutragen
und Könige zu besiegen.
Ich frage ihn:
Bist du so stark,
dann kannst du diesen Stein
auch an das Tempels Hauptecke verbringen.
Er sagte:

Ich bin imstande, nicht bloß diesen Stein zu heben, König;
Ich kann auch mit dem Dämon in dem roten Meer
die blaue Säule drinnen aufheben;
die kannst du hinstellen,
wo du nur willst.
Nach diesen Worten tritt er unter jenen Stein
und hebt ihn auf;
dann steigt er auf die Leiter mit dem Stein
und setzt ihn an des Tempeleingangs Spitze.
Da sprach ich, Salomo, hochgemut:
Die Schrift erfüllt sich jetzt, die sagt:
„Der Stein, den einst die Bauleute verwarfen,
der ward zum Schlußstein".

Märchen aus dem Sagenkreis um Salomo.

Den jüdischen Märchen kam es vor allem auf die Idee des Inhaltes und die Schlußfolgerung daraus, also die moralische Tendenz, an. Fast jedes Märchen hatte eine historische, eine anekdotische und eine theologische Seite; mittels der Märchen wollte man lehren und erzählen, bilden und Nutzen bringen.

Bamidbar Rabba 19: Die todgeweihten Werkmeister.
Als Salomo den Tempel bauen wollte, schickte er Boten zu Necho, dem König Ägytens, mit folgender Bitte: „Schicke mir doch tüchtige Werkmeister, die jede Arbeit verstehen. Ich werde ihnen jeden Lohn ausbezahlen, den du bestimmen wirst." Da rief Pharao alle seine Zeichendeuter, Zauberer und Astrologen und sagte ihnen: „Blicket in die Sterne und wählet mir solche Leute aus, die noch in diesem Jahre sterben werden." Sie taten, wie ihnen ihr König befohlen hatte, und brachten die gewünschten Männer zu ihm. Er nahm die dem Tode Geweihten, schickte sie zu Salomo und ließ ihm sagen: „Das sind die Leute, die du von mir erbeten hast. Nimm sie, und sie werden dein Werk verrichten."
Als sie zu Salomo kamen, da erkannte er durch den Heilgen Geist, daß ihre Lebenstage nur kurz sein würden und daß Necho sie ihm nur geschickt hatte, damit er Schadenersatz für sie fordern könnte. Salomo beeilte sich daher und befahl seinen Sklaven, Totenkleider für all diese Ägypter zu besorgen. Jedem gab er ein Leichenkleid und schickte sie nach Ägypten zurück mit folgenden Worten an Necho: „Gibt es denn keine Gräber und Totenkleider in Ägypten, daß du deine Leute geschickt hast, um im Hebräerland zu sterben? Wenn es dir nur auf die Totenkleider ankam, bitte, hier sind sie, und begrabe deine Toten in deinem Land." Pharao staunte über die Worte Salomos und rief aus: „Für wahr, die Weisheit Gottes ist im Herzen Salomos, des Königs von Israel!"

Die Werkmeister sind zwar keine Phönizier aus Tyrus, sondern
Ägypter, doch die Bedrohung des Todes lastet auf ihnen. Es ist
nicht auszuschließen, daß in späterer Zeit Märchen dieser Art mit
dem biblischen Namen des HIRAM verbunden und die Grundmotive „Werkmeister aus einem fremden Land" mit „früher Tod"
zu der Sage von HIRAMs Tod verknüpft wurden.

Beith Hamidrasch: Der wahre Sohn.

Zur Zeit des Königs Salomo lebte ein Mann namens Ezer. Er war sehr reich.
Er besaß Sklaven, Mägde und sehr viele Güter. Da kaufte er viel Ware,
übergab sie seinem einzigen Sohn und sagte „Lieber Sohn! Besteige ein
Schiff, fahre in ferne Länder mit diesen teuren Gegenständen, die ich gekauft
habe, und kehre dann heim." Hierauf erwiderte ihm sein Sohn: „Gut, Vater!
Ich werde so handeln, wie du mich geheißen hast." Da nahm Ezer seine ganze
Ware, legte sie in Kisten und übergab sie seinem Sohne. Der Sohn brachte sie
aufs Schiff, küßte seinen Vater, seine Mutter und seine Schwestern, verab-
schiedete sich von ihnen und bestieg das Schiff.
Viele Tage vergingen, und das Leben Ezers neigte sich seinem Ende zu. Da
rief er seinen Sklaven Kosbi und sagte ihm: „Ich muß sterben, und mein
einziger Sohn ist von seiner weiten Reise noch nicht zurückgekehrt.
Deshalb übergebe ich dir alles, was ich besitze; verwalte es, bis mein Sohn
von seiner Reise zurückkehren wird." Da erwiderte Kosbi: „Gelobt sei
mein Herr Ezer für das Vertrauen, das du mir geschenkt hast! Und jetzt
rufe das ganze Hausgesinde und befehle ihnen, daß sie alles machen sollen,
was ich ihnen sagen werde." Da berief Ezer sein ganzes Hausgesinde, sagte
ihnen all das und starb.
Als wieder viel Zeit verging und der Sohn Ezers noch nicht zurückkehrte,
begann Kosbi das Leben der Familie zu verbittern; er quälte und peinigte
sie und ließ sie hungern. Es ekelte sie vor ihm, und sie verließen das Haus
des Ezer und ließen sich irgendwo anders nieder. Es vergingen viele, viele
Jahre, und der Sohn des Ezer kehrte von seiner Reise zurück. Er kam in das
Haus seines Vaters. Da sah ihn Kosbi und sagte ihm: „Wer bist du, und was
suchst du hier?" Und der Sohn des Ezer erwiderte: „Warum stellst du dich
mir fremd, Kosbi, Sklave meines Vaters?"
Da zürnte Kosbi sehr und sprach: „Du elender Nichtsnutz! Schleich dich
von hier, bevor meine Wut wie Feuer entbrennt und ich meinem Diener
befehle, dich vom Scheitel bis zur Sohle zu schlagen." Da zürnte der Sohn des
Ezer sehr und rief: „Darf ein geringer Sklave seinen Herrn aus seinem Hause
vertreiben? Du willst meinen toten Vater beerben? Du glaubst, daß es dir gut
gehen wird und denkst, daß es keine Richter im Lande gibt?" Und der Sohn
des Ezer nahm seinen Stock und schlug den Kosbi. Da rief Kosbi seine
Diener und sagte ihnen: „Vertreibet diesen Verrückten aus meinem Hause!"
Da befolgten die Sklaven den Befehl, schleppten den Sohn des Ezer aus
dem Hause, schlugen und verwundeten ihn. Hierauf ging der Sohn des

Ezer zu König Salomo und erzählte ihm alles, was ihm Kosbi, der Sklave seines Vaters, angetan hatte. Da befahl der König, den Kosbi vor ihn zu bringen, und fragte ihn, wer er sei, und Kosbi sagte: „Ich bin der Sohn des Ezer!" Da befahl Salomo dem Sohn des Ezer und dem Kosbi: „Bringet Zeugen!" Der Sohn des Ezer und der Sklave verließen den Königspalast. Kosbi ging zu seinen Dienern und seinem Hausgesinde, legte ihnen die Worte in den Mund und brachte sie vor den König, Salomo fragte sie: „Saget mir, ist das der Sohn des Ezer?" Und die Leute antworteten: „Ja, das ist der Sohn des Ezer, der Erbe seines Geldes und Gutes!"
Der König fuhr fort die Zeugen zu verhören und fragte sie: „Wieso wißt ihr, daß die Sache sich so verhält?" Und die Leute antworteten ihm: „Der Ezer hatte nur einen Sohn. Er ist der Mann, der jetzt vor dir steht, er waltet schon lange Jahre über das Vermögen seines Vaters." Während sie so sprachen, kam der Sohn Ezers. Der König fragte ihn: „Wo sind deine Zeugen?" Und der Sohn des Ezer antwortete dem König: „Ich weilte sehr viele Jahre in einem fremden Land, und jetzt, als ich zurückkehrte und mich an Bekannte meines Vaters wandte und sie bat, als Zeugen zwischen mir und Kosbi, dem Sklaven meines Vaters, aufzutreten, antworteten sie mir: 'Du warst ein Knabe, als du dein Geburtsland verlassen hast, jetzt bist du älter geworden, und wir erkennen dich nicht mehr. Außerdem fürchten wir uns vor dem Zorn Kosbis, wenn wir als Zeugen gegen ihn erscheinen. Denn dieser Mann ist sehr hart und grausam.'"
Als Salomo dies hörte, schlug er eine andere Taktik ein, um die Wahrheit festzustellen. Er sagte: „Dieser behauptet, er sei der Sohn Ezers, und mit Recht hat er ihn beerbt. Und jener sagt, daß dieser ein Sklave Ezers sei und er der einzige Sohn, den er geliebt hat. Deshalb begebt euch zum Grabe Ezers, ziehet einen seiner Knochen von dort heraus, zerbrechet ihn und bringet ihn vor mich. Und der zerbrochene Knochen Ezers wird mir zeigen, wer der Sklave ist und wer sein Herr ist."
Kaum hatte König Salomo seine Worte beendet, zogen die Diener Salomos die beiden streitenden Männer heraus und trieben sie an, sich zu beeilen und das Wort des Königs zu erfüllen. Noch bevor sie sich weit vom Königspalast entfernt hatten, sagte Salomo drei Dienern, die vor ihm standen: „Verkleidet euch, ziehet andere Gewänder an und folget den Spuren dieser zwei Leute, die die Gebeine ihres Vaters zerbrechen gehen. Beobachtet alle ihre Handlungen und lauschet auf ihre Worte. Dann kommt schnell zurück und erstattet mir Bericht." Da beeilten sich die drei Diener Salomos, das zu machen, was er ihnen aufgetragen hatte, und gingen hinter Kosbi und dem Sohn des Ezer her.
Der Sklave und sein Herr kamen zum Grabe Ezers und standen dort. Als Kosbi im Begriffe war, das Grab Ezers zu öffnen, sagte der Sohn des Ezer: „Wehe dir, du schamloser Sklave, genügt es dir nicht, daß du deinen Herrn beerbt hast? Jetzt gehst du, ihn noch nach seinem Tode zu kränken?" Da beschimpfte Kosbi den Sohn des Ezer mit häßlichen Worten und verfluchte ihn mit scharfen Ausdrücken. Der Sohn des Ezer antwortete ihm nicht

und kehrte zu Salomo zurück. Kosbi aber beeilte sich, öffnete das Grab seines Herrn, nahm einen seiner Knochen heraus, zerbrach ihn und brachte ihn zu Salomo.
Die drei Diener Salomos kehrten auch zurück und erzählten alles, was sie gesehen und gehört hatten. Da sagte Salomo zum Sohn des Ezer: „Wo ist der zerbrochene Knochen, den ich dir befohlen habe, mir zu bringen?" Da antwortete der Sohn des Ezer: „Wenn ein Mensch mir sein ganzes Haus voll Gold und Silber geben und mir sagen würde, ich soll die Ehre meines Vaters entweihen, sein Grab öffnen und seine Knochen zerbrechen, würde ich nicht auf ihn hören."
Hierauf sprach Salomo zu allen Umstehenden: „Habt ihr gesehen, wer von diesen beiden Männern das Gotteswort: 'Ehre deinen Vater!' erfüllt hat? Habt ihr gehört, wie er gesagt hat, daß es ihm lieber ist, arm und brotlos zu sein, als reich und die Ehre des Vaters gering zu schätzen? Erben soll der Sohn, der seinen Vater ehrt, und geschlagen soll der Sklave wegen seiner Bosheit werden!" Aber König Salomo begnügte sich nicht mit diesem Beweis. Er wollte, daß alle Anwesenden sein Urteil nicht anzweifelten. Daher befahl er, einen Arzt zu bringen und bat diesen, den Sohn des Ezer und seinen Sklaven zur Ader zu lassen. Der tat, wie ihm befohlen war. Da sprach Salomo zu Kosbi: „Nimm den zerbrochenen Knochen deines Herrn und tauche ihn in dein Blut!"
Da tat Kosbi, wie ihm Salomo befohlen hatte. Darauf sprach der König: „Erhebe den Knochen, damit alle Umstehenden ihn sehen sollen." Kosbi erhob den Knochen, und das ganze Volk staunte sehr, weil das Blut des Sklaven nicht an ihm haften blieb und er weiß war wie zuvor! Nachher befahl Salomo dem Sohn Ezers, den Knochen seines Vaters in seinem Blute einzutauchen. Der Sohn des Ezer machte, wie ihm der König befohlen hatte und tauchte den Knochen in das Blut ein – und der Knochen wurde ganz rot. Als die Leute das sahen, riefen sie einstimmig: „Das ist der Sohn des Ezer, sein Fleisch und sein Blut."
Da erbte der Sohn des Ezer das Vermögen seines Vaters. Er rief den Kosbi zu sich und sagte ihm: „Ich bin bereit, dir zu vergeben und dich freizulassen. Aber unter einer Bedingung: Geh, suche meine Mutter und meine Schwestern und bringe sie zu mir!" Kosbi machte sich schnell auf die Suche, fand sie und brachte sie zum Sohne des Ezer. Dieser erfüllte sein Versprechen und ließ den Sklaven mit einem ansehnlichen Zehrgeld frei. Kosbi ging nun in eine andere Stadt und begann ein ehrliches Leben.

Auch bei diesem Märchen müssen uns die Grundmotive aufmerksam stimmen. Das Grab eines Bestatteten gibt Aufschluß über einen wichtigen Tatbestand, wobei Knochen eine bedeutende Rolle spielen. Weiter ist der Held der Geschichte der Sohn einer Witwe. Hier scheinen fast konkrete Bestandteile der maurerischen Kunstsage vorweggenommen.

Der Berliner Papyrus Nr. 8774.
Dieses koptische Manuskript bringt die Geschichte von Salomo und der Königin von Saba. Die Werbung Salomos, der magischbindende Ring sowie der gemeinsame Weintrunk werden erzählt; weiter läßt Salomo auf Zauberweise drei große Kräfte vor sich erscheinen und die Säule der Weisheit aufstellen. Das Manuskript ist nur in Fragmenten erhalten.

Koran, 34. Sure.
Auch hier wird eine magische Version des Tempelbaues, einschließlich des Besuches der Königin von Saba vorgestellt.

Publius Vergilius Maro, Aeneis.
Im 3. Gesang, 22 - 46 findet Aeneas den Leichnam des ermordeten Polydorus durch einen merkwürdigen Zufall.

Nahe dabei war ein Hügel, auf dem Kornellengesträuche wucherten und gedrängt die starrenden Schäfte der Myrte. Dorthin geh ich; doch wie ich das grüne Gebüsch aus der Erde ziehn schon will, damit die Altäre mit Laub zu bedecken, seh ich ein grauses, ein wahrlich entsetzlich wirkendes Zeichen. Denn sobald ich den Strauch mit den Wurzeln dem Boden entrissen, da entströmt ihm Blut in dunkel quellenden Tropfen und besudelt mit Eiter die Erde. Ein eisiger Schauer fährt ins Gebein mir, mein Blut erstarrt vor Entsetzen. Wieder schick ich mich an, ein anderes schwankendes Zweiglein auszureißen, um ganz den verborgenen Grund zu erforschen; schwarz aber fließt das Blut auch aus der Rinde des andern. Voll von Schrecken und Angst fleh an ich die ländlichen Nymphen und den Beschützer der getischen Flur, den Vater Gradivus, mir die Erscheinung zum Heil und das Zeichen zum Guten zu mildern. Aber nachdem ich mit stärkeren Kräften das dritte der Bäumlein fasse und mit den Knien dem Sand entgegen mich stemme, (sag ich's oder verstumm ich?) da dringt aus der Tiefe des Hügels Jammergeheul, und es schallt an die Ohren die klagende Stimme: „Was zerfleischst du mich Armen, Aeneas? O schone den Toten, schone auch deine Hand vor dem Frevel. Ich bin dir kein Fremder – kennst mich von Ilion her -, nicht fließt das Blut aus dem Holze. Flieh dies grausame Land, ach flieh dies gierige Ufer! Denn Polydorus bin ich, den hier durchbohrten der Waffen eiserne Saat, die keimend aus spitzigen Lanzen emporwuchs."

Der Symbolgehalt des Motives ist eindeutig. Durch einen Myrthenstrauch, den Aeneas aus der Erde zieht, entdeckt er das Grab des Polydorus. [1] Obwohl schon lange Zeit begraben, erwacht dieser und spricht!

4. Die traditionelle Überlieferung der operativen Steinmetzen.

Salomo und die Königin von Saba sind von französischen Steinmetzen wiederholt an den Domen des 12. und 13. Jahrhunderts dargestellt worden.
Ein alter Ritus der Bauleute verlangt, daß bei der Grundsteinlegung großer Bauwerke Erinnerungsgegenstände in feierlicher Form in den Grundstein eingemauert werden. In diesem Brauch lebt der Gedanke an ein Bauopfer weiter, das dargebracht werden muß, damit der Bau Bestand hat. In vorchristlicher Zeit war dies wohl ein Menschenopfer, später ein Tieropfer oder andere Weihegaben.
In Rosslyn Chapel, einem kathedralenartigen Bau im Norden Schottlands befindet sich der gemeißelte Kopf eines jungen Mannes mit einer klaffenden Wunde an der rechten Schläfe. Dies soll das Haupt eines ermordeten jungen Steinmetzen sein, der aus Neid und Eifersucht mit einem Schlag getötet wurde. Zu seiner Rechten befindet sich ein Frauenkopf, welcher seiner verwitweten Mutter zugeschrieben wird. Der namenlose junge Mann war also der „Sohn einer Witwe".
Es muß also schon sehr früh eine Überlieferung bei den operativen Steinmetzen gegeben haben, worin zumindest einzelne Motive und charakteristische Situationen der HIRAM-Sage enthalten sind. Daß allerdings in den alten Manuskripten und Konstitutionen der Bauleute nur vereinzelt, oft wie beiläufig, der Name HIRAM erwähnt wird, haben wir schon gesehen (siehe Seite 35f.). Denn eines steht fest: die HIRAM-Erzählung ist in der Form, wie sie uns heute vorliegt, erst im 18. Jahrhundert entstanden. Alles Frühere waren im wahrsten Sinn nur Bausteine.

5. Eine falsche Spur: die Umdeutung der HIRAM-Sage als politisches Instrument.

Der Anfang des 17. Jahrhunderts war in England eine politisch wirre Zeit. Als Elisabeth I., Tocher des Tudor-Königs Heinrich VIII., 1603 starb, gelangte Jakob I., der Sohn Maria Stuarts als erster Stuart-König auf den Thron. 1625 wurde dessen Sohn Karl I. sein Nachfolger. Unter tatkräftiger Mithilfe Oliver Cromwells wurde der König gestürzt und 1649 hingerichtet. Es folgte die Propagierung der englischen Republik unter Cromwell. Erst 1660 kam die Restauration der Monarchie, und der Stuart Karl II. wird König. Der freimaurerische Historiker Ignaz Aurelius Fessler (1756 - 1839) und Gustav Adolf

Schiffmann (1814 - 1883) unterlegen diesem historischen Ablauf folgenden Hintergrund:
Nach der Enthauptung Karl I. wurde von Anhängern der Stuarts der Meistergrad gegründet, um Gelegenheit für Versammlungen zu haben, ohne daß es Aufsehen erregte. Die HIRAM-Sage sei dazu erfunden worden, um das Andenken an den gewaltsamen Tod König Karl I. recht eindringlich zu erhalten. Die phantasievolle Version, HIRAM sei die mythologisierte Gestalt des hingerichteten Karl I., die „Kinder der Witwe" seien die Anhänger der Königswitwe und das „verlorene Wort" sei mit dem Sohn Karls, dem späteren Karl II. gleichzusetzen, ist mehr als unwahrscheinlich. Jedenfalls ist interessant, daß versucht wurde, die Freimaurer-Sage in politische Motive umzumünzen.

6. Die antiken Kulte und Mysterien.

Die Mysterien waren Geheimkulte, die nur Eingeweihten zugänglich waren; sie hatten somit streng esoterischen Charakter. Die Weihehandlungen gingen um den Tod und die Auferstehung einer heilbringenden Gottheit, praktisch immer eines Vegetationsgottes. Das Schwinden der Vegetation wird durch ihren Tod vergegenwärtigt, der Anlaß zu kultischer Klage bietet; aber diese schlägt in Freude um, sobald es die Auferstehung desselben Gottes, d. h. die Wiederkehr der Vegetation zu preisen gilt (man vergleiche Ostern als Frühlingsfest).
Einige Beispiele mögen illustrieren, wie nahe mystische Überlieferungen der Grundaussage der HIRAM-Erzählung verwandt sind.

Isis und Osiris
Ihr Kult geht in Ägypten bis ins 3. Jahrtausend zurück. Isis ist die Schwester und Gemahlin des Gottes Osiris – auf dieses Paar wird die Sitte der königlichen Geschwisterehen zurückgeführt. Osiris regierte als göttlicher Pharao über Ägypten und durchzog als Kulturbringer das Land, um die Menschen den Anbau der Feldfrüchte und die Regeln eines gesitteten Zusammenlebens zu lehren. Während seiner Abwesenheit führte seine Gemahlin Isis die Regierung.
Ein Bruder des Götterpaares aber, Seth, ist Osiris feindlich gesinnt. Als dieser zurückkehrt, veranstaltet Seth ein großes Festmahl, bei dem er eine kostbare Lade aufstellt. Sie soll demjenigen unter den Gästen gehören, dessen Körpermaßen sie genau entspricht. Als sich Osiris zur Probe hineinlegt, wirft Seth eilends den Deckel

darauf. Er ruft seine bewaffneten Spießgesellen herbei, die Nägel in die Lade treiben und sie zum Nil bringen. Dort wird die Lade, die zum Sarg des Osiris wurde, ausgesetzt und schwimmt durch einen der Nilarme ins Mittelmeer bis nach Byblos an der Küste Phöniziens [2]. Isis erfährt vom Tode ihres Gemahls und macht sich in tiefem Schmerz auf die Suche, begleitet vom treuen Anubis, dem hunds- bzw. schakalköpfigen Gott. Ihre Tränen lassen das Wasser des Nils ansteigen. Seit damals ereignet sich das alljährliche Wunder der Nilflut, das Ägypten Fruchtbarkeit verleiht. Isis findet den toten Gemahl und begibt sich mit ihm auf den Rückweg. Am Nil aber spürt der böse Bruder sie auf. Er reißt Osiris aus der Lade, zerstückelt den Leichnam [3] und zerstreut ihn. Abermals macht sich Isis klagend und weinend auf die Suche. Sie findet die Teile und setzt sie wieder zusammen, unterstützt von Anubis, der sich auf die Kunst der Einbalsamierung und Mumifizierung versteht. Isis aber setzt sich mit Falken-("Schutzengel-")flügeln auf den Sarkophag und belebt Osiris wieder, indem sie ihm heilsame Luft zufächert und ihm vom Wasser des Lebens zu trinken gibt. So kehrt die Kraft in ihn zurück, so daß Isis noch einen Sohn von ihm empfangen kann, Horus, der oft mit einem Falkenkopf dargestellt ist. [4] Osiris aber wird zum Gott der Unterwelt.

An Osiris als den Gott des Lebens aus dem Tode knüpfte sich die Auferstehungshoffnung der Menschen.

Andere „auferstehende Götter"
Eine Reihe von Vegetationsgottheiten variieren das im Osiris-Mythos vorgegebene Thema, jedoch meist mit einem deutlicheren vegetabilischen Aspekt: das Hineintreten in die Erde (= Begräbnis), das Ruhen im Dunkel (= Unterwelt) und das Keimen der neuen Saat (= Auferstehung).

Adonis
Adonis ist niemand anderer als der jünglinghafte Baal der Syrer. Erst die Griechen haben aus dem semitischen Adon einen Eigennamen gemacht. Er liebte die Göttin Aphrodite, wird bei der Jagd von einem Eber tödlich verletzt und verblutet in den Armen der Göttin. Aus diesem Blut wuchs als erste Blume des neuen Frühlings die Anemone (Adonisröschen). Aphrodite erreichte auch, daß Adonis jeweils für die Hälfte des Jahres aus der Unterwelt freigegeben wird.

Dies entspricht dem alljährlichen Sterben (Im Hochsommer nach der Ernte) und Wiederauferstehen im Frühling.

Attis und Kybele
Die Geschichte um diesen phrygischen Natur- und Frühlingsgott entspricht nahezu völlig dem Adonis-Mythos.

Tam(m)uz und Ischtar
Babylonisch-sumerische Version des Wiederauferstehens eines Vegetationsgottes.

Die Melissa-Legende
Die griechischen Priesterinnen nannten sich Bienen (= Melissae) und galten als Personifizierung derselben.
Es existiert eine Melissa-Legende, welche von besonderer Bedeutung ist, da es sich praktisch um eine weibliche Parallel-Version der HIRAM-Geschichte handelt:
Melissa war eine Priesterin der Demeter, hütete deren Tempel und weigerte sich, das Geheimnis des Mysteriums zu offenbaren. Sie wurde von „bösen Frauen" bedrängt, gab aber nichts preis. Daraufhin wurde sie von diesen Frauen zerrissen. Aus ihrem Leichnam ließ Demeter Bienen entstehen, so erfolgte die Verwandlung der Ermordeten in ein neues, höheres Leben.

Mithras
Rätselhafte Worte der Macht, Überwindung des Todes und sieghafte Wiedergeburt sind elementare Grundmotive im Mithras-Kult, der aus dem Persischen in das Abendland gekommen ist und im 1. und 2. nachchristlichen Jahrhundert eine ungeheure Verbreitung erfuhr. Und damit entstand eine große Konkurrenz: der Kult des Mithras verbreitete sich gleichzeitig mit dem Frühchristentum über das Imperium Romanum. Während sich die kämpferische Mithras-Ritualistik als Soldatenreligion etablierte, wandten sich die Rechtlosen und Proletarier dem Christentum zu, das ihrem leidvollen Leben die Erlösungshoffnung verhieß. Und es gab wesentlich mehr recht- und besitzlose Arme als Armeeangehörige. [5]
Die Anhänger des Mithras-Kultes nannten einander „Brüder", sie feierten in grottenartigen Tempelräumen ihre Riten, wobei die Zentralbegriffe „Licht – Dunkel" und „Tod – Unsterblichkeit" waren. Mithras, der den Stier tötet, erneuert damit das Leben der Welt; dabei ist er seltsamerweise zugleich Opferer und Geopferter, denn erst als Selbstopferer wird er zum Wiedererzeuger des Lebens. Als erster *„renatus = Wiedergeborener"* ist er Vorbild seiner Anhänger: *„Auch*

uns hast du errettet, indem du das ewige Blut vergossen hast" lautet eine Inschrift im Mithräum von S. Prisca in Rom, wohl das Hauptheiligtum der römischen Mithrasanhänger.
Dieser Aspekt des Mithras erklärt, warum sein Kult von den Christen mit Feindschaft verfolgt wurde. Die Stärke des Mithraskultes war eine intime, persönliche Religiosität, ohne Dogmatismus, ohne „alleinseligmachenden" Anspruch, ohne eine weltweite Hierarchie; das war aber auch gleichzeitig seine Schwäche.
Es gibt sicher keine direkten Beziehungen zwischen dem Mithras-Kult und der Freimaurerei, solche Mysterien-Vereinigungen haben aber den Boden reif gemacht.

7. Vom Symbol zum Ritual.

Der Symbolwelt der Freimaurerei ähnliche Ideen und Riten sind, wie wir gesehen haben, an vielen Orten und zu vielen Zeiten nachweisbar. Die maurerische Ritualistik ist nicht erfunden, synthetisch ausgeklügelt oder nur scheinbar tiefsinnig, sondern sie geht auf alte, ja uralte Traditionen zurück. Viele Elemente sind der Menschennatur wesensmäßig innewohnend und daher in Grundzügen fast überall nachweisbar.
Die Ursprünge der Freimaurerei sind weder jüdisch-salomonisch, noch ägyptisch, noch sonstwo punktuell anzusiedeln. Niemand hat dies treffender ausgedrückt als Br. Gotthold Ephraim Lessing in seinen 1778 erschienenen *„Gespräche für Freimaurer"*:

Falk: Die Freimaurerei ist nichts Willkürliches, nichts Entbehrliches, sondern etwas Notwendiges, das im Wesen des Menschen und der bürgerlichen Gesellschaft gegründet ist. Folglich muß man auch durch eigenes Nachdenken ebensowohl darauf verfallen können, als man durch Anleitung darauf geführt wird.
Ernst: Die Freimaurerei wäre nichts Willkürliches? Hat sie nicht Worte und Zeichen und Gebräuche, welche alle anders sein könnten und folglich willkürlich sind?
Falk: Das hat sie. Aber diese Worte und diese Zeichen und diese Gebräuche sind nicht die Freimaurerei.
Ernst: Die Freimaurerei wäre nichts Entbehrliches? Wie machten es denn die Menschen, als die Freimaurerei noch nicht war?
Falk: Die Freimaurerei war immer.

Das Ritual bietet die Möglichkeit, einen Mythos oder eine Sage in Handeln umzuformen, es ist eine einzigartige Methode der Erklärung. Die Vorzeit wird Gegenwart. Jedes Ritual ist ein Medium, zwar kein Massenmedium zur Publikation „an Alle", aber ein Transportmedium von Bedeutungsinhalten für einen ausgewählten und eingeweihten Kreis. Rituale verfügen über eine besondere Symbolik, die sich erst bei Betrachtung ganzer – z. T. sich über Jahre hinziehender – Ritualzirkel erschließt.

Anmerkungen:

(1) Polydorus, ein Sohn des Trojerkönigs Priamos, war als Jüngling vom Thraker-König Polymestor aus Geldgier ermordet worden.

(2) Hier spiegeln sich alte wirtschaftliche und kulturelle Beziehungen. Zedernholz und Zedernöl (letzteres zur Balsamierung) wurden nach Ägypten importiert, von wo Papyrus nach Byblos kam und dort zu Schreibmaterial verarbeitet wurde (Biblion = Buch, Bibel).

(3) Es war schon seit dem Neolithikum Brauch, ein zerstückeltes Opfertier auf die Äcker zu bringen, als Fruchtbarkeitsritus.

(4) Er ist nach dem Tode seines Vaters von diesem gezeugt. Horus ist demnach „der Sohn einer Witwe".

(5) Auch der Kommunismus siegte im zaristischen Rußland nicht durch die Arbeiter, sondern weil es wesentlich mehr Muschiks als Soldaten gab.

VII. DER EINBAU DER HIRAM-SAGE IN DAS RITUAL

Im freimaurerischen Ritual soll durch symbolhafte Handlungen das innere meditative Erschauen gefördert werden. Dies hat aber nicht auf seelische Erlebnisse beschränkt zu bleiben, sondern durch ständig neue *„Einsichten und Erkenntnisse"* wird die Persönlichkeitsbildung weitergeführt. Das *„Erkenne dich selbst"* ist der Ausgangspunkt für die Standortbestimmung des Maurers gegenüber seiner Umwelt, das Ritual hat uns die schöne Pflicht und Aufgabe der *„Arbeit am rauhen Stein"* ständig bewußtzumachen. Ein Ritual ist eine psychologisch geschickte Zusammenstellung von feierlichen Handlungen, vorgewiesenen Symbolen und magisch wirksamen Worten. Das Ritual ist immer ein Gruppenphänomen mit Erlebnischarakter für den Einzelnen.

Für die Wirksamkeit eines Rituals ist es belanglos, ob man es versteht. Das Ritual des Meistergrades führt in eine neue, scheinbar gänzlich andere Welt. Das Erstaunen des Betroffenen ist groß, denn er erlebt etwas Außerordentliches. Mit Recht stellt er die Frage, auf welchem Wege eine solche Handlung in die Freimaurerei gekommen sein mag. Und hier stoßen wir abrupt an die Grenze unseres Wissens. Die Forschung ist uneinig, zuwenig gesichertes Quellenmaterial ist bekannt, verschiedene Ansichten stehen einander gegenüber.
In der Frühzeit des 18. Jahrhunderts hat eine Todeslegende in der Freimaurerei bestanden, die aber nicht die HIRAM-Sage gewesen sein muß.
War es vielleicht die Noah-Geschichte?

Wie wir aus dem Graham-Manuskript von 1726 [1] wissen, gab es eine Erzählung über Noahs Söhne, deren Inhalt direkt mit dem Ritual der Meistererhebung in Zusammenhang steht und einige erstaunliche Parallelen zur HIRAM-Geschichte aufweist:
„Alles, was die neue Welt dringend brauchte, war in Noahs Arche gewesen. Nun gingen dessen drei Söhne, die etwas zu finden begehrten, das sie zu dem wertvollen Geheimnis in ihres Vaters Besitz führte, zu Noahs Grab und machten vorher aus, wenn sie nicht die Sache selbst fänden, so sollte das erste Ding, auf das sie stießen, als das Geheimnis gelten.

Sie fanden im Grabe nichts weiter als den toten Leib. Als man den Finger ergriff, löste er sich ab. Dasselbe geschah mit dem Handgelenk und den Ellenbogen. Darauf richteten die Söhne den toten Körper auf und stützten ihn dabei, indem sie Fuß an Fuß und Knie an Knie setzten und Brust an Brust, Wange an Wange und die Hand auf den Rücken legten. Danach sagte einer: Hier in diesen Knochen ist noch Mark. Und der andere sagte: Nein, es ist nur ein trockener Knochen. Der dritte: Er stinkt. Und so kamen sie überein, ihm einen Namen zu geben, wie er der Freimaurerei noch bis zum heutigen Tag bekannt ist."

Die Ähnlichkeit zwischen der Noah- und der Hiram-Erzählung ist sehr auffällig. Beide haben dasselbe Leitmotiv – den Versuch, von einem Toten ein Geheimnis zu erhalten, und beide führen zum gleichen Motiv – die Absicht, ein Ersatz-Geheimnis zu beschaffen, falls die Entdeckung des echten mißlingen sollte.
Ob diese Noah-Geschichte irgendeine rituelle Bedeutung hatte, ist unbekannt. Nichts ist überliefert, schon gar nichts ist bewiesen. Eines aber ist sicher: In den Jahren um 1723 hat in keiner der Londoner Logen eine Dramatisierung der HIRAM-Sage stattgefunden. Jedoch stoßen wir auf Noah in dem offiziellen Dokument der Londoner Großloge, in „Die Alten Pflichten der Freien und Angenommenen Maurer" von James Anderson, allerdings nur in der Ausgabe von 1738:

I. Pflicht. Betreffend Gott und Religion.
Ein Maurer ist durch seine innere Haltung verpflichtet, das Moralgesetz als echter Noachide zu befolgen .... sie stimmen überein in den 3 großen Forderungen Noahs (the 3 great Articles of Noah).

Das ist sicher keine Erfindung Andersons, sondern aus älteren Nachrichten geschöpft. Die Bezeichnung *Noachiden*, also derer, die sich zu den Grundsätzen dieses allgemeinen Menschenvaters bekannten, muß schon früher bekannt gewesen sein. Es lag ja die Frage auf der Hand, was für Grundsätze und Pflichten dieser Noah, nachdem er das Leben über die todbringende Flut hinübergerettet hatte und wieder an Land gestigen war, der erneuerten Menschheit hinterlassen habe.
Auch bei den Hochgraden taucht der Name Noah wieder auf.
Wie kam aber die Freimaurerei zu HIRAM und seiner vielschichtigen, symbolträchtigen und sich ausschließlich auf den 3. Grad beziehenden Geschichte?
Die Fakten sind kurz und einfach. 1723 in der 1. Auflage von Anderson's „*The Constitutions of the Free-Masons. Containing the*

History, Charges, Regulations, etc. of that most Ancient and Right Worshipful Fraternity" kommt HIRAM nur als Architekt und *"the most accomplish'd Mason upon Earth"* vor. Auch wird der Meistergrad in den Vorschriften der Konstitutionen nicht erwähnt.
1730 werden in der ersten maurerischen Verräterschrift, in Samuel Prichard's *"Masonry dissected"* [2] die drei Johannis-Grade und auch die HIRAM-Erzählung in ihrer rituell-dramaturgischen Darstellung mitgeteilt.
Das bedeutet nichts anderes, als daß zwischen 1723 und 1730 (durch einen Unbekannten) die Sage von HIRAMs Tod durch drei Gesellen, in das maurerische Ritual des 3. Grades eingeführt wurde.

Die HIRAM-Sage ist ein Element der biblisch-jüdischen, aber auch islamischen Tradition in der Freimaurerei.
Der jüdische Ein-Gott-Glaube verbot die Herstellung von Gottesbildern, der Islam übernahm dieses Tabu. Die Art der bildlichen Ausschmückung etwa christlicher Kirchen ist Synagogen und Moscheen fremd. Gott allein wurde das Recht zugesprochen, Gestalten aus dem Nichts zu schaffen; der einzige, allumfassende Gott war selbst das Prinzip der Formbildung – letztlich bestimmt durch die Grade des Winkels und die Menge der Zahlen. Unter dem Einfluß pythagoräischen Gedankengutes entstand die Überzeugung, daß sich Gottes Herrlichkeit nicht nur in der Bildung unterschiedlicher Gestalten, sondern auch in Form und Zahl manifestiere. Deshalb mußte die göttliche Präsenz durch Gebäude veranschaulicht werden, die auf strenger Form und Zahlenkombination, nicht auf darstellender Ausschmückung beruhten. Eine solche Synthese von Form und Zahl ist die dreidimensionale Geometrie, welche – da sie göttlichen Ursprungs war – mit dem Charakter des Numinosen ausgestattet wurde.
Der große römische Architekt des 1. Jahrhunderts v. Chr. Vitruv (De architectura libri decem) stellte Regeln für künftige Baumeister auf: er empfahl, sich in Genossenschaften = *"collegia"* zu organisieren und er forderte *"die Altäre müssen nach Osten gerichtet sein"*. Für Vitruv war ein Baumeister kein Handwerker, sondern als Architekt ein Universalgelehrter, der in die Schöpfungsgesetze eingeweiht war. Den ersten Rang unter diesen Gesetzen hatte die Geometrie, denn Architektur war höchste Vollendung der Geometrie. In den gotischen Kathedralen wurde die Geometrie überhaupt zum bestimmenden Faktor. Es war eine Kunst mit handwerklich-technischen, aber auch metaphysischen Geheimnissen; dies konnte für die Eingeweihten gefährlich werden; sie waren deshalb zur Geheimhaltung gezwun-

gen. Daraus entsprang eine esoterische Tradition innerhalb der Zünfte der operativen Steinmetzen und Bauleute. Hier wuchsen die Keime dessen, was später Freimaurerei genannt werden sollte.

Die Baukunst galt in der Vorstellung dieser Leute über die Mittlerrolle der Geometrie als direkte Manifestation des Göttlichen. Aber wo zeigte Gott ein Beispiel dafür? Es existierte nur eine Stelle im Alten Testament, an Hand der Gott, wie man glaubte, die Menschen sehr genau unterrichtete und seine Vorstellungen kundtat – im Bau des Salomonischen Tempels. Dadurch erlangte dieser Tempelbau für die Steinmetzen des Mittelalters höchste Bedeutung. Hier hatte Gott darstellende Geometrie und Architektur gelehrt und deshalb wurde sein wichtigster Schüler und ausführender Architekt, HIRAM, zum Vorbild aller Baumeister erhoben.

Die Baustellen für Pyramiden, Tempel oder Kathedralen waren gigantisch, die Bauzeiten währten Jahrzehnte. Für die Handwerker war die Baustelle ihre Welt und sie stellten sich die Welt als einen großen Bauplatz vor. Und so schloß man vom Besonderen auf das Allgemeine: wenn die Baustelle nach einem Plan funktioniert, muß es auch für die Welt einen Bauplan geben. Jetzt war es nur mehr ein kleiner Schritt bis zum G. B. A. W. bzw. A. B. A. W. Dies hat nichts mit Religion, Glauben oder Dogma zu tun. Der Große Architekt der Eingeweihten darf nicht mit dem Gott der Gläubigen verwechselt werden.

Die maurerische Geschichtsforschung diskutiert zwei Wege, über welche die HIRAM-Sage in das Ritual der Meistererhebung eingeführt worden sein könnte.
1. die Ableitung vom mittelalterlichen Mysterienspiel, und
2. die Dramatisierung der HIRAM-Sage als Initiations- und Reinkarnationsritus, gleichzeitig mit der Schaffung des Meistergrades in der spekulativen Freimaurerei (zwischen 1723 und 1730).

Das Mirakel- und Mysterienspiel des 12. bis 15. Jahrhunderts leitete sich von der kirchlichen Liturgie ab, wurde jedoch von Profanen aufgeführt. Man stellte Episoden aus der Heiligen Schrift in vereinfachter, leicht verständlicher, dramatischer Form dar – etwa die Ermordung Abels, Noah und seine Arche und ähnliches. Die Darsteller waren die Angehörigen der verschiedenen Zünfte, und jede Handwerkervereinigung hatte eine bestimmte biblische Episode aufzuführen. Die operativen Steinmetzen waren durch ihre enge Verbin-

dung zu Kirchenbau und Geistlichkeit mit liturgischer Dramatisierungstechnik enger vertraut als andere Zünfte. Als die Errichtung religiöser Großbauten eingeschränkt wurde, begannen sie, allmählich eigene Rituale herauszuarbeiten, die sich rasch vom Katholizismus entfernten.
Dazu gab es ein biblisches Thema von einzigartiger Bedeutung für die Steinmetzen: die Geschichte über den Bau des Salomonischen Tempels. Als Themen für eine Ausschmückung der Dramaturgie kamen noch die zahlreichen Märchen, Legenden und magischen Mythen hinzu. Es ist durchaus vorstellbar, daß das wichtigste Drama der späteren Freimaurerei – die Ermordung HIRAMs – zumindest in Ansätzen erstmals von Steinmetzen in einem Mirakelspiel dargestellt wurde. Demgegenüber steht jedoch eine ganz andere Ansicht.
Zur Zeit der Gründung der ersten Großloge (1717) arbeiteten in England die Logen nach einem Ritual von 2 Graden:
Entered Apprentice – dem des Lehrlings;
Fellow of Craft – dem des Gesellen.
Im Ritual fanden sich aber schon Elemente des Meistergrades, die fünf Punkte, sowie das Meisterwort. Hätte HIRAM während dieser Zeit in den Zeremonien und Überlieferungen eine Rolle gespielt, dann wäre seine Person in den handschriftlichen Konstitutionen erschienen.
Die erste urkundliche Erwähnung des Meistergrades findet sich in der Zeitung *„The Flying-Post or Post-Master"* vom 11. bis 13. April 1723, die erste maurerische Beurkundung der Verleihung des 3. Grades steht im Protokollbuch der Philo Musicae et Architecturae Societas vom 18. Februar 1725. Im Herbst 1730 wurde der vollständige Meisterkatechismus mit der dramatisierten HIRAM-Sage von Samuel Prichard veröffentlicht. Überall, wo sich in der 1. Auflage (1723) des Andersonschen Konstitutionsbuches das Wort *„Geselle"* befand, ist es in der 2. Auflage (1738) durch das Wort *„Meister"* ersetzt; auch wurde eine Stelle über den plötzlichen Tod HIRAMs und seine Bestattung eingeschaltet:
„Aber ihre Freude wurde bald gestört durch den plötzlichen Tod ihres treuen Meisters Hiram Abif, den sie nach altem Brauch in der Loge bei dem Tempel beerdigten."
Die näheren Umstände sind völlig unbekannt, wieso zwischen 1723 und 1730 die HIRAM-Sage im maurerischen Ritual plötzlich vorhanden war, warum sie zum Motiv des 3. Grades geworden ist;
und wie sich die Erzählung nach 1730 so rasch ausbreiten konnte. Es bleibt nur die Annahme, daß ein Unbekannter die Geschichte von

HIRAMs Ermordung durch drei Gesellen als Kunstsage in der Zeit nach 1723 frei geschaffen hat.

Der HIRAM im Ritual der Freimaurerei setzt sich aus drei der Zeit und dem Inhalt verschiedenen Ursprüngen zusammen:
1. der Mythos von einem Vegetations- und Sonnengott, der das Motiv der Wiedererweckung bringt;
2. die äußerst dürftige Geschichte vom biblischen HIRAM, wobei gerade die Kargheit des ursprünglichen Berichtes sich bestens für jegliche Erweiterung und Ausschmückung eignet;
3. die planmäßig aufgebaute Kunstfigur des HIRAM, der in alle noch so unterschiedlichen maurerischen Systeme einbezogen wurde.

Sehr wahrscheinlich wurde der uralte Mythos von einer lebenden, sterbenden und wiederauferstehenden Naturgottheit erst dann umgedeutet und durch die Kunstsage vom biblischen HIRAM ersetzt, als der Bau des salomonischen Tempels als Gleichnis zum symbolischen Bau am Tempel der allgemeinen Menschenliebe erhoben wurde – also am Übergang der Werkmaurerei zur spekulativen Maurerei.

Die Salomo-HIRAM-Geschichte, wie sie im freimaurerischen Ritual geschildert wird, ist sicherlich eine späte, mystisch-verkleidete Erfindung mit einem historischen Hintergrund.

Es darf durch die HIRAM-Sage vor allem keinerlei Zweifel daran zurückbleiben, daß die Entstehung des heutigen Freimaurer-Bundes aus der Tradition der Werkmaurer, insbesonders der Brüderschaft der Steinmetzen erfolgte.

Der Salomonische Tempel ist nicht der Ursprung unseres Bundes; die Freimaurerei reicht nicht soweit zurück. Die Geschichten vom Tempelbau sind lediglich ein in passender historischer Umgebung angesiedeltes Symbol.

Veranlassung zu dieser irrigen Annahme hat vor allem die sogenannte Yorker-Urkunde gegeben, worin steht: *"So wurde bei diesem großen Bau zuerst eine würdige Gesellschaft der Baukünstler begründet. Ähnliche Einrichtungen trafen hernach die Griechen und Römer und von den Römern sind sie später über das Meer aus Italien und Gallien zu uns* (nach England) *herübergekommen."*

Diese Urkunde, von Karl Christian Friedrich Krause (1781 - 1832) zunächst in das Jahr 926 n. Chr. datiert, ist eindeutig als Fälschung erkannt.

Auch die völlig unwissenschaftliche und nur sagenhafte Historie von James Anderson (1723) verlegt ja den Beginn des Bundes über Noah und Moses bis zu Adam. Das geht entschieden zu weit.

Nehmen wir jedoch an, mit dem Ursprung der Freimaurerei zur Zeit des salomonischen Tempelbaus hätte es seine Richtigkeit, so stehen dem sofort schwerwiegende Diskrepanzen und logische Fehler gegenüber.

Warum sollten jene Gründungsväter das Bauwerk, an dem sie selbst beschäftigt waren und das erst im Entstehen begriffen war, bereits zu ihrem Symbol gemacht haben und darüber hinaus die Namen jener Säulen vor dem Tempel zu Erkennungszeichen wählen, bevor diese noch aufgestellt waren?
Die HIRAM-Geschichte würde völlig unerklärlich und unverständlich, da dieser ja – laut Bibel – noch lebte, als der Tempel vollendet wurde. Warum sollte man Erkennungsworte und Symbole aus der damaligen Gegenwart gewählt haben?
Warum gibt es dann keine kontinuierliche Überlieferung, wie bei den anderen Mysterienbünden der Antike?
Die symbolische Erklärung des HIRAM-Rituals müssen wir den einzelnen Systemen der Freimaurerei überlassen; jede Loge stattet ihre Mitglieder mit den nötigen Auslegungen aus, mit deren Hilfe sie zu Verstehen und Erkennen der symbolischen Gebräuche gelangen können. Der Opfertod HIRAMs in der rituellen Bedeutung bezieht sich ausschließlich auf den 3. Grad. In den Hochgradsystemen, besonders im AASR, erscheint HIRAM als handelnde Ritualperson und die symbolische Geschichte wird stufenweise erweitert.
Aber gerade das ist das Besondere: die Freimaurerei ist keine Lehre, sondern eine Kunst und läßt sich daher mit Worten nicht umfassend beschreiben, geschweige denn begreifen.

Anmerkungen:

(1) Manchmal wird behauptet, das Graham-Manuskript sei älter und stamme aus den siebziger Jahren des 17. Jahrhunderts.

(2) Der volle Titel dieses berühmten Buches lautete: Masonry dissected: being a universal and genuine Description of all its

Branches, from the original to this present Time. As it is deliver'd in the constituted regular Lodges, both in City and Country, according to the several Degrees of Admission. Giving an impartial Account of their regular Proceeding in Initiating their new Members in the whole Tree Degrees of Masonry. Viz. I. Entered Prentice, II. Fellow-Craft, III. Master. To which is added the Author's Vindication of himself. By Samuel Prichard, late Member of a constituted Lodge.

VIII. DIE HIRAM-ERZÄHLUNG IN VERSCHIEDENEN MAURERISCHEN SYSTEMEN

Die direkte Abstammung der Freimaurerei der Gegenwart von der Werkmaurerei steht außer Zweifel. Trotzdem hört man hin und wieder den Einwand, die altertümlichen symbolischen Zeichen und Handlungen in den Logen und ihre Ähnlichkeit mit jenen der alten Mysterien wären ein Beweis für den Ursprung des Bundes im tiefen Alterum. Dies ist verständlich, denn die Versuchung ist groß, als ältester Bund der Menschheit auftreten zu können. Die Sache verhält sich aber umgekehrt: jene mysterienhaften symbolischen Gebräuche sind in das Maurertum erst dann aufgenommen worden, als es zum Übergang von der operativen zur spekulativen Maurerei kam.

Gerade an Hand der HIRAM-Geschichte kann man den Ausgangspunkt von den biblischen Quellen, über eine üppige Mythen- und Sagenbildung, bis zum Einbau in das freimaurerische Ritual klar verfolgen. So wie es zahlreiche freimaurerische Systeme gibt, so existieren verschiedene Varianten der HIRAM-Erzählung; ähnlich etwa wie bei den Evangelien.

Der erste authorisierte maurerische Geschichtsschreiber war Dr. James Anderson [1], der im Auftrag der Großloge von England deren Konstitutionsbuch zusammenstellte. Das Buch gliedert sich in sechs Teile. Ein Vorwort mit Widmung an den Herzog von Montagu, unterschrieben von J. T. Desaguliers, Deputiertem Großmeister. Es folgt eine Geschichte der Freimaurerei, beginnend mit Adam und endigend 1688, in der Zeit König Williams. Darauf folgt der Abschnitt *„The Old Charges of Free-Mason"*, d. h. die Alten Pflichten. Der nächste Abschnitt betitelt sich *„General Regulations"* und ist eine Art Hausgesetz. Ein weiteres Kapitel, *„Postscript"*, gibt Anweisungen über die Einsetzung einer neuen Loge. Schließlich als Schluß die Approbation der vorstehenden Satzungen durch den Großmeister des Jahres 1723, Philipp Herzog von Wharton. Das Werk war im freien Buchhandel erhältlich.
In dieser Schrift wird der Name HIRAM ABIF zum ersten Mal offiziell den Brüdern vorgestellt. Anderson berichtet vom Tempelbau, folgt darin weitgehend der Bibel, und erklärt dann HIRAM zum

vollendetsten Maurer der Welt – *„the most accomplish'd Mason upon Earth"*. Weiter nennt er ihn den Prinzen der Architektur und erwähnt, er sei der Sohn einer Witwe. Schließlich wird Anderson sehr deutlich: *„the wise King Solomon was Grand Master of the Lodge at Jerusalem, and the learned King Hiram was Grand Master of the Lodge at Tyre, and the inspired Hiram Abif was Master of Work"* (letzteres ist wohl am besten mit Leiter des Baues zu übersetzen).
Die Schicksale HIRAMs werden mit keinem Wort erwähnt.
In der 2. Auflage von Andersons Konstitution (1738) ist eine kurze Anmerkung über den plötzlichen, unerwarteten Tod HIRAM ABIFs und seine Bestattung eingefügt. *„Aber ihre Freude wurde bald gestört durch den plötzlichen Tod ihres treuen Meisters HIRAM ABIF, den sie nach altem Brauch in der Loge bei dem Tempel geziemend beerdigten."* Von Gewalt ist keine Rede.
John Noorthouck [2] hat in der von ihm überarbeiteten 5. Auflage des Konstitutionenbuches (1784) die Geschichte vom salomonischen Tempelbau stark erweitert und mit neuen Details angereichert, zum Beispiel wurden in dieser *„Historie"* die Bauarbeiter *„masons"* [3] genannt und in Logen organisiert.
Die wichtigsten Passagen für unser Thema lauten:
„Hiram, König von Tyrus, sandte dem König Salomo Zedern, Tannen und andere Bauhölzer auf Flößen nach Joppa und ließ sie dort an Salomos Abgesandte abliefern, die sie weiter nach Jerusalem schafften. Er sandte ihm auch einen Mann, der seinen eigenen Namen führte und von Geburt zwar ein Tyrer, doch von israelitischer Abstammung war. Dieser, ein zweiter Bezaleel, (4) *wurde von seinem König mit dem Titel eines Vaters beehrt. Im 2. Chron. 2, 13 wird er genannt: Hiram Abif, der vollendetste Zeichner und Werkmeister auf der Welt, dessen Geschicklichkeit nicht bloß auf das Bauen beschränkt blieb, sondern sich auf alle Arten von Arbeiten, in Gold, Silber, Erz und Eisen, wie auch in Linnen, Tapetenwirkerei und Stickerei erstreckte. Er war in jedem Bereich, gleich ob als Baumeister, Bildhauer, Gießer oder Zeichner vortrefflich. Nach seinen Zeichnungen und unter seiner Leitung wurde die ganze reiche und glänzende Verzierung des Tempels, und was sonst noch zu ihm gehörte, begonnen, fortgeführt und beeendigt.
Salomo bestellte ihn zum deputierten Großmeister, um in seiner Abwesenheit den Stuhl einzunehmen, in seiner Gegenwart aber die Stelle des älteren Großvorstehers, des Werkmeisters und ersten Oberaufsehers aller Künstler zu vertreten, die König David in der*

vergangenen Zeit aus Tyrus und Sidon hergeholt und die noch König Hiram herbeisenden würde.
Um dieses erstaunliche Werk schneller zu betreiben, ließ Salomo alle angestellten Zunftgenossen, die inländischen, wie die fremden, zählen und in folgende Klassen einteilen:

1) Die Harodim, oberste Vorgesetzte oder Pröbste an Zahl 300
2) Die Menatzechim, Aufseher, die ihre Untergebenen zur Arbeit anhielten und erfahrene Meister-Maurer waren 3.300
3) Die Ghiblim, Steinhauer, Poliere und Bildhauer, die Isch Chotzeb, Steinbrecher, und die Benai, Setzer, Leger oder Bauleute, welche geschickte und kunstreiche Gesellen waren 80.000
4) Die aus den Israeliten zur Arbeit auf dem Libanon ausgehobene Mannschaft, von welcher drei Monate lang 10.000 in jedem Monat unter der Leitung des edlen Adoniram, des jungen Großaufsehers arbeiteten 30.000
Es waren also an dem Tempelbau mit Ausschluß der beiden Großaufseher 113.000
Freimaurer angestellt.

Außerdem machten die Isch Sabbal, die Lastenträger, die noch von den alten Kanaaitern übrig waren, nochmals 70.000 Mann aus, die bei den Masonen aber nicht mitgerechnet wurden.
Salomo verteilte (zufolge der mündlichen Überlieferungen alter Masonen, die hiervon vieles zu erzählen wissen), die Gesellen in besondere Logen, jede mit einem Meister und Aufseher versehen. Diese empfingen so die Befehle auf regelmäßige Weise und konnten für ihre Werkzeuge und Kleinode Sorge tragen. In jeder Woche erhielten sie ihre Bezahlung, den gehörigen Lebensunterhalt und Kleidung usw. Auch hatten die Gesellen durch das Heranziehen angetretener Lehrlinge für die Nachkommenschaft zu sorgen. Auf diese Art wurde ein fester Grund zur vollkommenen Harmonie in der Brüderschaft gelegt. Die Loge war stark verbunden durch Liebe und Freundschaft. Jeder Bruder erhielt eine gehörige Anweisung zur Geheimhaltung und Klugheit, zu sittlichem Betragen und guter Kameradschaft. Jeder wußte, was er zu tun hatte. Das große Werk wurde so mit einem erstaunlichen Kostenaufwand kräftig fortgesetzt.
Die alten Konstitutionen behaupten, daß kurz vor der Einweihung des Tempels König Hiram aus Tyrus gekommen sei, um dieses hochansehnliche Bauwerk in Augenschein zu nehmen und die einzelnen Teile genau zu untersuchen. Hierbei sei er vom König Salomo und

*dem deputierten Großmeister HIRAM ABIF begleitet worden. Nach der Untersuchung habe er erklärt:
„An dem Tempel bewähre sich die Kunst in ihrem weitesten Umfange." Bei dieser Gelegenheit erneuerte Salomo das Bündnis mit HIRAM und verehrte ihm eine Übersetzung der Heiligen Schriften in syrischer Sprache. Diese sei noch bei den Maroniten und anderen unter den Urchristen unter dem Namen der alten syrischen Übersetzung vorhanden. Als der Tempel Jehovahs dank des einflußreichen, weisesten und glorreichsten Königs von Israel, des Fürsten der Baukunst und des Großmeisters seiner Zeit, vollendet war, beging die Bruderschaft das Fest der Schlußsteinlegung mit großer Freude.
Doch ihr Frohsinn wurde bald durch den plötzlichen Tod ihres geliebten und würdigen Meisters HIRAM ABIF und zum großen Bedauern des Königs Salomo unterbrochen. Salomo erteilte den Befehl, nachdem er der Zunft einige Zeit zur Trauer vergönnt hatte, daß HIRAM mit großer Feierlichkeit bestattet werden sollte. Er ließ ihn in der Loge nächst dem Tempel nach den alten Gebräuchen der Maurer begraben. Nachdem die Trauerzeit um HIRAM ABIF vorbei war und die Stiftshütte des Moses neben den übrigen heiligen Sachen im Tempel ihren Platz gefunden hatten, wurde der Tempel durch Salomo in einer allgemeinen Versammlung durch feierliche Gebete, Opfer und Instrumentalmusik Gott gewidmet und eingeweiht.*

So lautete der HIRAM betreffende Text in der Konstitution der Großloge von England aus dem Jahre 1784. Dabei war aber die HIRAM-Sage schon seit über fünfzig Jahren in das maurerische Ritual des 3. Grades eingefügt und in den Lehr- und Fragestücken schriftlich festgelegt; Samuel Prichard's Verräterschrift *„Masonry dissected"* hat die Zeremonie der Meistererhebung 1730 allgemein bekannt gemacht. Sein Buch ist das älteste erhaltene Dokument über das Ritual der Johannis-Grade und daher von unschätzbarem historischem Wert. Eine deutsche Übersetzung wurde 1743 der in Frankfurt erschienenen deutschen Fassung der Andersonschen englischen Kostitution als Anhang beigefügt. Es ist ein Kuriosum besonderer Art, daß die offizielle Konstitution und die Verräterschrift in einem Band erschienen. Später erfolgten zahlreiche Auflagen von Prichards Schrift allein – sie wurde aus begreiflichen Gründen ein Bestseller.
Der deutsche Text von 1743, als wortgetreue Übersetzung des Originals von 1730 lautet:

STUFFE DES MEISTERS.
Fr. *Seyd ihr ein Meister=Maurer?*
A. *Ich bins; versuchet mich, probiret mich, und machet mich zu schaden, wo ihr könnet.*
Fr. *Wo seyd ihr zum Meister gemacht worden?*
A. *In einer vollkommenen Loge von Meistern.*
Fr. *Was machet eine vollkommene Meister=Loge aus?*
A. *Drey.*
Fr. *Wie wurdet ihr zum Meister gemacht?*
A. *Durch die Hülffe Gottes, das Quadrat und meinen eigenen Fleiß.*
Fr. *Auf was für Art wurdet ihr Meister?*
A. *Von dem Quadrat zu dem Kompaß.*
Ex. *Ihr seyd ein Lehrling gewesen, wie ich glaube.*
A. *Ich habe Jachin und Boaz gesehen, und wurde zum Meister=Maurer gemacht, mit einem Diamant, Hobel und Quadrat.*
Ex. *Wenn ihr ein Meister=Maurer seyn wollet, so müsset ihr die Regul von Drey recht verstehen, und Macbenah wird euch frey machen, und was ihr in der Maurerei vonnöthen habet, soll euch in dieser Loge gezeiget werden.*
A. *Ich verstehe gute Maurerey; die Schlüssel aller Logen stehen mir alle zu Gebote.*
Ex. *Ihr seyd ein munterer Gesell, woher kommet ihr?*
A. *Von Osten.*
Ex. *Wohin gehet ihr?*
A. *Nach Westen.*
Ex. *Was wollet ihr da machen?*
A. *Dasjenige suchen, was verlohren war, und nunmehr gefunden ist.*
Ex. *Was ist denn dasjenige, so verlohren war, und nun gefunden ist?*
A. *Des Meister=Maurers Wort.*
Ex. *Wie war es verlohren?*
A. *Durch drey grosse Schläge, oder den Tod unseres Meisters Hiram.*
Ex. *Wie gieng es mit seinem Tode zu?*
A. *Bey dem Bau des Salomonischen Tempels war er Maurer=Meister, und um 12 Uhr Nachmittags, als die Leute weggegangen waren, um sich zu erfrischen, kam er seiner Gewohnheit nach, und besahe die Arbeit. Da er sich nun in den Tempel verfüget hatte, waren dasselbst drey Bösewichter, vermuthlich drey Gesellen, welche sich*

an die drey Eingänge des Tempels stellten, und wovon einer ihm, als er hinausgehen wolte, des Meisters Wort abforderte. Er versetzte, daß er es auf eine solche Art nicht von sich gäbe, daß aber Zeit und ein wenig Gedult ihn darauf bringen würden. Jener war mit dieser Antwort nicht zufrieden, und gab ihm einen Streich, welcher ihn taumeln machte. Er gieng zu der andern Thüre, ward aber daselbst eben so empfangen, und als er eben dieselbe Antwort erheilet, bekam er noch einen stärckern Schlag, und bei dem dritten gab er seinen Geist auf.
Ex. Womit erschlugen ihn die Bösewichter?
A. Mit einem Stütz=Stock, einem Handwerks=Geräth und einem Schlägel.
Ex. Was machten sie weiter mit ihm?
A. Sie schleppten ihn aus der Westlichen Thür des Tempels, und verbargen ihn unter einigem Schutt, bis es wieder hoch zwölffe war.
Ex. Um welche Zeit geschahe dieses?
A. Um hoch zwölffe in der Nacht, als die Leute zur Ruhe waren.
Ex. Was machten sie hernach mit ihm?
A. Sie trugen ihn auf die Spitze des Hügels, allwo sie ein gehöriges Grab machten, und ihn zur Erde bestatteten.
Ex. Wann wurde er vermisset?
A. An eben demselben Tage.
Ex. Wann ward er gefunden?
A. Fünffzehen Tage hernach.
Ex. Wer fand ihn?
A. Fünffzehen liebreiche Brüder giengen, auf des Königs Salomon Befehl, aus der Westlichen Thüre des Tempels, und theilten sich von der Rechten zur Lincken, jedoch so, daß sie einander abruffen konnten. Sie verglichen sich zugleich, daß, wenn sie das Wort nicht in ihm oder um ihn finden würden, das erste Wort des Meisters Wort seyn solte. Einer von den Brüdern, welcher eher müde ward, als die andern, setzte sich nieder, um ein wenig auszuruhen. Da er nun ein Gesträuch, welches leicht in die Höhe schisset, erblickte – und wahrnahm, daß das Erdreich aufgegraben worden, so ruffte er seine Brüder; und als sie ihre Untersuchung fortsetzten, so fanden sie ihn in einem artigen Grabe, welches 6 Fuß gegen Osten, 6 Fuß gegen Westen und 6 Fuß in der Tiefe hatte, gehörig beerdiget. Das Begräbnis war mit grünem Moos und Torff bedecket, worüber sie erstaunten und darauf sagten: Muscus domus Dei gratia, welches nach der Maurerey so viel heisset, als: Gott sey Dank! unser Meister hat ein Haus von Moos bekommen. Hierauf deckten sie ihn in aller

Stille wieder zu, und nachdem sie ein Zweiglein von Cassia zum Haupt seines Grabes gestecket, gingen sie fort, und brachten dem König Salomon diese Botschafft.
Ex. Was sagte König Salomon zu diesem allen?
A. Er stellte Befehl, daß man ihn aufnehmen, und auf anständige Art zur Erde bestatten, und daß funffzehen Gesellen mit weissen Handschuhen und Schurtzfellen seinem Leichen=Begängniß beywohnen solten. (Welches unter Maurern bis auf diesen Tag zu beobachten).
Ex. Wie ward Hiram aufgenommen?
A. Wie alle andere Maurer, wenn sie des Meisters Wort bekommen.
Ex. Wie geschicht dieses?
A. Durch die fünff Puncte der Gesellschafft.
Ex. Was für welche?
A. Hand zu Hand, Fuß zu Fuß, Wange zu Wange, Knie zu Knie, und Hand zum Rücken.
NB: *Als Hiram aufgenommen ward, nahmen sie ihn bey den vordersten Fingern, und die Haut gieng herunter, welches man das Schlupfen* [5] *heisset: Die Ausbreitung der rechten Hand und Legung des Mittel=Fingers ans Gelenck, die Anfügung des vordersten Fingers und des vierten an die Seiten des Gelencks heisset der Griff, und das Zeichen ist die Legung des Daums der rechten Hand auf die lincke Brust, mit Ausbreitung der Finger.*
Ex. Wie wird ein Meister=Maurer genennet?
A. Cassia ist mein Name, und ich komme von einer richtigen und vollkommenen Loge.
Ex. Wo wurde Hiram begraben?
A. In dem Allerheiligsten (Sanctum Sanctorum).
Ex. Wie ward er hinein gebracht?
A. In die Westliche Thüre des Tempels.
Ex. Welche sind des Meisters Kleinodien?
A. Die Halle, des Kap=Fenster [6] und das viereckigte Estrich.
Ex. Erkläret mir dieselben.
A. Die Halle ist der Eingang in das Allerheiligste, die Kap=Fenster die Fenster oder Lichter darinnen, und das viereckigte Estrich der getäfelte Fuß-Boden.
A. Zischet ihm in das Ohr, und mit Aufhebung bey dem fünfften obgedachten Puncte der Gesellschafft sprechet Macbenah, welches bedeutet: Der Baumeister ist erschlagen.

In einem altfranzösischen Katechismus um 1740 finden wir die Dramaturgie der Wechselrede wesentlich gestrafft und gekürzt:

Was wollen Sie hier tun?
Suchen, was verloren war.
Was war verloren?
Das Meisterwort.
Wie ging es verloren?
Durch drei starke Schläge und durch den Tod Adonirams.
Wie wurde er erschlagen?
Durch drei Gesellen, die ihm das Meisterwort abzwingen wollten, um Meisterlohn zu erhalten.
Wie fand man seinen Körper?
Durch einen Acazienzweig, den die Gesellen auf den Ort steckten, wo sie ihn eingescharrt hatten, und welcher hernach auf sein Grabmal eingegraben wurde.
Grub man nichts anderes auf dasselbe?
Salomo ließ noch das alte Meister-Wort eingraben.
Wie heißt es?
J. und bedeutet im Hebräischen Gott.
Warum bedient man sich dessen nicht mehr?
Aus Furcht, daß die Gesellen es vielleicht durch Martern Hiram abgezwungen hatten.

Neben der 1717 gegründeten Großloge von England mit der Andersonschen Konstitution von 1723 gab es noch eine Gruppe überwiegend irischer Freimaurer, die selbständig Logen bildeten und sich 1751 zu einer unabhängigen *„Großloge nach den alten Konstitutionen"* zusammengeschlossen hatten. Sie nannten die ältere Großloge die *„Moderns"*, sich selbst bezeichneten sie als *„Ancient or Antient Masons"*.
Die *„Alten Maurer"* warfen den *„Moderns"* vor, von den alten Überlieferungen abgewichen zu sein, indem sie die Gebete ausließen, die Rituale entchristianisiert hätten und die Festtage der beiden St. Johannes nicht beachteten, kurz, das Ritual verstümmelt hätten. Erst 1813 haben sich die beiden Gruppen in der *„Vereinigten Großloge der Alten Freimaurer und Angenommenen Maurer"* wieder zusammengefunden.

Die HIRAM-Erzählung im Ritual der *„Alten Maurer"* von 1751 hatte diesen Wortlaut:
Es waren 15 Gesellen, welche, da sie sahen, daß der Tempel beinahe fertig war und sie das Meisterwort noch nicht erhalten hatten, weil ihre Zeit noch nicht gekommen war, sich verglichen, es ihrem

Meister bei der ersten Gelegenheit abzuzwingen, damit sie in anderen Ländern für Meister gehalten würden und Meisterlohn bekämen. Zwölfe dieser Gesellen bereuten den Vorsatz; die anderen drei beschlossen, ihn auszuführen. Ihre Namen waren: Jubela, Jubelo und Jubelum. Diese drei Gesellen kannten die Gewohnheit des Meisters, hoch zwölfe, wenn die Männer zur Erholung berufen waren, ins Allerheiligste zu gehen und zu dem wahren und lebendigen Gott zu beten. Diese drei Bösewichte stellten sich an die drei Eingänge des Tempels, an das westliche, südliche und östliche Tor. Es war kein Eingang im Norden, weil die Sonne von dort keine Strahlen schießt. So warteten sie eine Zeitlang, unterdessen er zu Gott betete, um, wenn er herauskäme, ihm W. und Gr. abzuzwingen, oder ihm das Leben zu nehmen. HIRAM kam an das östliche Tor, und Jubela begehrte das Meisterwort. Er antwortete, daß er es auf eine solche Art nicht bekommen würde; daß er warten und es durch Zeit und Geduld erwerben müsse; denn es stünde nicht in seiner Gewalt, es ihm für sich allein zu geben, wenn nicht drei – König Salomo, König Hiram und er, beisammen wären. Unzufrieden mit dieser Antwort, schlug er ihn mit einem vierundzwanzigzölligen Maßstocke quer über die Gurgel. HIRAM floh zum südlichen Tor, durch welches er seinen Weg zu verfolgen hoffte: ward aber auf dieselbe Art von Jubelo aufgehalten, dem er dieselbe Antwort, wie dem vorigen, gab. Unzufrieden mit ihr, gab er ihm mit dem Winkelmaße einen Schlag auf seine linke Brust, welche ihn zum Taumeln brachte. Nachdem er seine Kräfte wieder gesammelt hatte, floh er zum westlichen Tor, wo er zu entkommen hoffte; er wurde aber auch hier, wie bei den anderen Toren, von Jubelum aufgehalten, und da er ihm dieselbe, jenem nicht genügende Antwort gab, schlug er ihn, stärker als einer der vorigen, mit einem Spitzhammer aufs Haupt, wovon er starb.

Hiernach schleppten sie ihn aus dem westlichen Tor und verbargen ihn unter einem Haufen Schutt bis hoch zwölfe in der Nacht; da sie denn Mittel fanden, ihn an der Seite eines Hügels, in einem schicklichen Grabe – sechs Fuß von Osten nach Westen und sechs Fuß tief – einzuscharren. Da der Meister HIRAM vermißt wurde, indem er nicht, wie gewöhnlich, zur Aufsicht über die Arbeit kam, so stellte König Salomo große Nachforschungen an, und da er nichts von ihm hörte, hielt er ihn für tot. Die zwölf Gesellen, welche bereut hatten, hörten das Gerücht, ihr Gewissen peinigte sie, und sie gingen zum König Salomo, mit weißen Schürzen und Handschuhen, als Zeichen der Unschuld, und entdeckten, was sie wußten. König Salomo schickte *sie aus, die drei Bösewichte aufzusuchen, welche sich entfernt hatten. Sie verteilten sich vierfach: drei gingen nach Norden, drei nach Süden, drei nach Osten und drei nach Westen. Eine dieser Parteien reiste nach dem Meere bei Joppe. Einer von ihnen ruhte an der Seite eines Felsens und hörte ein fürchterliches Wehklagen in einer Schlucht desselben: „O! daß eher meine Gurgel durchgeschnitten, meine Zunge bei der Wurzel herausgerissen und im Sande des Meeres, wenn es am niedrigsten ist, begraben wäre, eines Kabeltaues Länge vom Ufer, wo die Ebbe zweimal in 24 Stunden wechselt, als daß ich Teil an dem Morde unseres Meisters HIRAM nahm!" „Ach!" sagte der andere, „daß mein Herz aus meiner linken Brust herausgerissen worden wäre und den Raubvögeln zum Futter gedient hätte, ehe ich Teil an dem Morde unseres Meisters HIRAM nahm!" „Ach!" sagte Jubelum, „ich schlug ihn stärker, als ihr beide, denn ich tötete ihn. O! daß mein Leib in zwei Teile zerlegt, der eine nach Norden, der andere nach Süden geschleppt; mein Eingeweide im Süden zu Asche verbrannt und die Asche durch alle vier Winde zerstreut worden wäre, ehe ich Teil an dem Morde unseres Meisters HIRAM nahm!" Dieser Bruder hörte die jämmerlichen Klagen und holte die anderen. Sie stiegen in die Kluft, griffen, banden und schleppten sie zum König Salomo. Sie bekannten, was geschehen war, und begehrten nicht zu leben; daher ließ sie Salomo mit den Strafen, die sie sich selbst gewünscht hatten, belegen. Jubela wurde die Gurgel durchgeschnitten usw. Jubelo wurde das Herz aus der linken Brust gerissen usw. Jubelums Körper wurde in Teile zerlegt usw. Nachher sendete Salomo diese zwölf Gesellen, den Meister HIRAM aufzuheben und ihn in dem Allerheiligsten zu begraben. Er sagte ihnen: wenn sie nicht ein Schlüsselwort in ihm oder neben ihm fänden, so wäre es verloren, denn es wären nur drei in der Welt, welche es wüßten, und es könne nicht überliefert werden, wenn nicht alle drei beisammen wären; da nun einer tot sei, so wäre es verloren. Doch sollte das erste zufällige Zeichen oder Wort, welches bei seiner Aufhebung gemacht oder gesagt würde, es für die Zukunft und auf immer sein. Sie gingen dann, um ihn aufzuheben; und nachdem sie ihn ausgegraben hatten, sahen sie ihren toten Meister in einem verwesten Zustande; denn er lag schon fünfzehn Tage. Mit dem größten Schrecken hoben sie die Hände über ihre Häupter und sprachen: O Herr, mein Gott! (welches das große Zeichen des Meister-Maurers ist).*

1770 gründete der General-Feldstabsmedikus Johann Wilhelm Kellner von Zinnendorf (1731 - 1782) die „*Große Landesloge der Freimaurer von Deutschland*", die nach einem etwas modifizierten

Schwedischen System arbeitete. Die drei Johannisgrade blieben selbstverständlich das Fundament, darüber wurde ein christlich-ritterlich-mystisches Hochgradsystem aufgebaut. Am persönlichen Schicksal Zinnendorfs ist bemerkenswert, daß er während einer Logenarbeit plötzlich verstarb.
Das Ritual geht auf französische Vorbilder zurück; die HIRAM-Geschichte hat in den Fragebüchern der *„Großen Landesloge"* (1770) folgenden Ablauf:
Wo haben sie das Meisterwort empfangen?
In dem mittelsten Raume.
Was bedeutet dieses Wort?
Das Fleisch trennet sich von den Gebeinen oder der Leib ist angegangen und verdorben.
Wie wird das Meisterwort gegeben?
Die eine Hälfte in das rechte und die andere in das linke Ohr.
Wann und wo?
In der Loge nach Beobachtung des fünften Umstandes, oder nach dem Meisterzeichen.
Wie wird derjenige unter den Meistern genannt, welcher nicht gehörig zum Meister aufgenommen worden ist?
Dafern jemand auf eine ungebührliche Art zum Meistergrade eingeschlichen, so wird er Ephraimite oder ein Aufrührerischer genannt.
Warum heißt er ein Ephraimite?
Denn diese Art Volk konnte die Meisterlosung nicht recht aussprechen.
Warum aufrührerisch?
Denn sie haben versucht, das Meisterwort mit Gewalt zu nehmen.
Was wollen Sie hier tun, mein Bruder?
Dasjenige suchen, was verloren war.
Welches ist das Verlorene?
Das Meisterwort.
Bei welcher Gelegenheit ist dasselbe verloren worden?
Durch den bedauernswürdigen Tod unseres hochgepriesenen Vaters.
Wem geben die Freimaurer den Namen eines Vaters?
Dem Adoniram, welcher Hauptmann über die aus Israel ausgehobene Mannschaft und Aufseher über den Bau des Tempels war.
Wie verhielt sich Adoniram bei der Austeilung des Lohns an so manche Arbeiter?
Er gab den Lehrlingen und Gesellen Zeichen, Handgriffe und besondere Worte, aber diesen 300 Meistern das Wort, sich von den anderen zu unterscheiden.

Welches war zu den damaligen Zeiten das Meister-Wort?
Adonirams Symbolum, welches war J.
Wann ist denn das Meister-Wort verändert worden?
Nach dem Tode Adonirams, als die neuen Zeremonien zur Aufnahme der Meister angenommen wurden.
Wenn Adoniram des Abends seine Runde machte, durch welche Pforte pflegte er einzugehen?
Durch die westliche Pforte.
Wie ist er umgekommen?
Er fand im Tempel eine Zusammen-Verschwörung dreier Gesellen, welche sich zusammengetan hatten, ihm entweder das Leben zu nehmen oder ihn zu zwingen, das Wort von sich zu geben.
Wo hat er den ersten Schlag empfangen?
An der südlichen Pforte von einem dieser Gesellen.
Und den zweiten Schlag?
An der nördlichen Pforte von dem andern aufrührerischen Gesellen.
Wo haben ihn endlich diese Ehr- und Treuvergessenen niedergeschlagen?
An der dritten oder östlichen Pforte ward er von dem dritten dieser Verräter niederschlagen.
Womit ist er niedergeschlagen worden?
Mit einem Streitkolben.
Was haben sie dadurch erlangt?
Nichts anderes, als ihm das Leben zu nehmen.
Haben sie denn nicht das Meisterwort erhalten?
Nein, dazu haben sie einen so eifrigen Meister nicht vermögen können.
Was haben sie nach begangenem Mord getan?
Sie näherten sich untereinander, die Leiche wegzubringen und sie zu verbergen.
Wo haben sie denn dieselbe verborgen?
Unter einem Steinhaufen.
Wo haben sie endlich die Leiche begraben?
Am Fuße eines Berges.
Welches war dieser Berg?
Der Berg Moria.
Wieviele Tage mußte Salomo warten, ehe er Nachricht von dieser Begebenheit erhielt?
Es währte sechs Tage, ehe er von dem Schicksal Adonirams unterrichtet ward.

Auf welche Art hat der König Nachricht davon eingeholt?
Er sandte neun Meister aus, welche suchen sollten, Nachrichten von ihm auszuforschen.
Wo haben diese neun Meister Adoniram auszuspüren gesucht?
Sowohl im Tempel, als auch dort umher.
Was hat ihnen Anleitung gegeben, die Grabstätte des Abgeschiedenen aufzufinden?
Der Schein eines besonderen Lichtes verursachte ihnen Verdacht, daß er daselbst begraben wäre, da sie verspürten, daß es schiene, als wenn die Erde auf derselben Stelle neulich wäre aufgegraben gewesen.
Was für welche haben diese verspürt?
Drei von diesen ausgesandten Meistern.
Was taten sie hernach, als sie die Stelle gefunden hatten?
Sie gaben den anderten sechs Meistern ein Zeichen, damit sie sich zu ihm verfügen möchten.
Was nahmen diese neun Meister vor, nachdem sie sich daselbst versammelt hatten?
Sie fingen an, die Erde aufzugraben, und, nachdem sie ihren Meister wiedergefunden hatten, suchten sie die Merkmale an diesem unglücklichen Vater und erkannten ihn wieder.
Was beschlossen sie, nachdem sie von der Gewißheit dieser unglücklichen Begebenheit überzeugt waren?
Das Meister-Wort zu verändern, aus Furcht, es möchte ein Aufrührerischer dasselbe mit Gewalt haben erzwingen wollen.
Was nahmen sich die Meister darauf vor?
Den König von demjenigen, was sie vernommen hatten, zu benachrichtigen.
Wie verhielten sie sich, damit sie bei ihrer Zurückkunft die Stelle wieder erkennen möchten?
Sie setzten dorthin einen Zweig von der Art Diestel oder Dorn, welcher Acacia genannt wird, ehe sie das Grab verließen.
Was hat Salomo darauf diesen Meistern befohlen, nachdem sie ihn von dieser Begebenheit unterrichtet hatten?
Den Körper des hochwürdigen Vaters auszugraben, denselben mit vielen Ehrenbezeigungen in den Tempel zu tragen und ihn daselbst zu begraben.
Wer hat auf Befehl des Königs diesem Begräbnis beigewohnt?
Alle Freimaurer-Meister haben sich bei seiner ersten Ruhestelle eingefunden, um ihm von dort zum Grabe nachzufolgen.
Wie waren diese Meister bei dieser Gelegenheit gekleidet?

Als Freimaurer-Meister, versehen mit ihren Schurzfellen, nebst anderem Zubehör, welche ihre Unschuld an dieser Begebenheit bezeichnen sollten.
Nachdem nun alle Meister sich bei seiner Grabstätte versammelt hatten, was nahmen sie sich vor, ehe sie begannen, denselben aufzugraben?
Sie kamen überein, zum Meister-Wort anzunehmen, das erste Wort, so jemand unter ihnen, bei der Aufgrabung, von irgendeinem Zufalle sprechen konnte.
Haben sie dieses aus eigener Bewegung getan?
Nein, es ist auf königlichen Befehl und Genehmigung geschehen.
Welches ward auf solche Art das neue Meister-Wort?
M -, welches will sagen, das Fleisch sondert sich ab von den Knochen, oder der Körper ist verdorben.
Was ist auf Befehl des Königs auf den Sarg des Toten gesetzt worden?
Eine Schaumünze von Silber, welche eine dreieckige Gestalt hatte.
Was war auf dieser Münze geprägt?
Das erste und alte Meister-Wort.
Warum war dieses darauf geprägt?
Zu einem Zeichen der Erkenntlichkeit für seine bezeigte Standhaftigkeit.
Warum war diese Schaumünze von solchem weißen Metall gemacht?
Um durch ihre Farbe die Unschuld des Toten zu bezeichnen.

Im Jahre 1793, als unter Kaiser Franz II. die Freimaurer in Wien ihre Arbeit einstellen mußten, verfaßte Br. Joseph Baurnjöpel (1739 - 1795) seine „*Grundlinien eines eifrig arbeitenden Freimaurers*". Baurnjöpel war Mitglied der Wiener Logen „*Zur Beständigkeit*" und „*Zur neugekrönten Hoffnung*", sein freimaurerisches Engagement lag beträchtlich über dem Durchschnitt seiner Logenbrüder. Sein einzigartiges Manuskript war vielleicht der Versuch, gleichsam als Vermächtnis der niedergehenden österreichischen Freimaurerei, die rechte Form des damals geübten Maurertums für die Nachfahren festzuhalten. Es handelt sich nicht nur um ein Ritual, sondern um Gedanken und Erklärungen zu Geschichte, Symbolik und Esoterik; immer wieder sind instruktionsartige Abschnitte eingestreut. Im Abschnitt über die Meistererhebung wurde „*mit bedeutender, bedachtsamer Stimme folgende Erklärung vorgelesen*".

Adonirams Lebenslauf.

Adoniram und Adoram, welchen Salomo den Bau des Tempels anvertraute, hatte eine grosse Menge Arbeiter zu bezahlen, daß er unmöglich alle kennen konnte: und damit er nicht den Lehrlingen soviel bezahlen möchte, als den Gesellen, – und den Gesellen, soviel als den Meistern, sah er sich genöthiget, mit einem jeden von Ihnen in Geheim, um gewisse Worte, Zeichen und Handgriffe überein zu komen, um sie dadurch untereinander unterscheiden zu können.
Das Wort der Lehrlinge war J. Der Name der linken Säule im salomonischen Tempel, wenn man durch das westliche Thor eingieng; bey dieser Säule versammelten sich die Lehrlinge, um ihren Lohn zu empfangen. – Ihre Zeichen und Handgriffe sind Ihnen bereits in der Lehrlingsloge gegeben worden.
Das Wort der Gesellen war B. so nannte man die innerhalb eben desselben Thores zur rechten stehenden ährene Säule, bey welcher die Gesellen gewohnt waren, ihre Bezahlung zu erhalten. In der Gesellenloge haben Sie bereits gelernt, ihre Zeichen und Handgriffe zu erkennen.
Die Meister hatten damals nur ein einziges Wort, womit sie sich von jenen unterschieden, welches aber nach Adonirams Tode verändert wurde, und diese Begebenheit werde Ich Ihnen jetzt erzählen.
Drey Gesellen, die den bösen Vorsatz gehabt, sich den Meisterlohn anzumassen, beschlossen dem Adoniram das Meisterwort abzufordern, sobald Sie ihn allein antreffen würden, oder ihn zu ermorden, wenn er es ihnen nicht geben wollte. – Zu dem Ende verbargen sie sich im Tempel, weil sie wußten, daß Adoniram alle Abende dahin kam die Arbeit zu besehen. – Der eine stellte sich in Süden, der Zweyte in Norden, und der Dritte in Osten. – Nachdem Adoniram nach seiner Gewohnheit durch das westliche Thor eingegangen ware, – seine Geschäfte vollbracht hatte, und nun durch das südliche Thor wieder hinaus gehen wollte; so forderte der daselbst stehende Geselle das Meisterwort, und droht ihm zugleich mit seiner in den Händen habenden Keuhle. – Adoniram wurde über ein solches Anmuthen bestürzt, und suchte durch das Thor zu entkomen; – allein der Geselle gab ihm gleich mit der Keuhle einen Schlag vor den Kopf; – weil aber der Schlag nicht stark genug war, ihn zu Boden zu stürtzen so suchte er seine Rettung durch die nördliche Thüre: Hier fand er den zweiten Gesellen, der eben diese Frage that. – Adoniram war zu gewissenhaft seinem Verlangen zu willfahren; – Er unterwarf sich einer gleichen Begegnung, und konnte sich eben so wenig durch diese Thüre retten,

als durch die vorige. – Weil aber dieser zweyte Schlag ihn ebenfalls noch nicht zu Boden gestürzt hatte; so entfloh er zu der östlichen Thüre, wo er den letzten dieser 3 Gesellen fand, welchem er nicht ausweichen konnte. – Nachdem dieser die gleiche Frage an ihn gethan hatte, und Adoniram sich standhaft weigerte das Meisterwort zu entdecken, so vollendete er den Mord durch einen starken Schlag, welchen er ihm mit der Keule gab. – Dieß war ein so entsetzlicher Schlag, daß ich gänzlich zweifle, ob Sie ihn würden ausgestanden haben, wenn Sie an der Stelle dieses Opfers gewesen wären. – Dieser tödliche Schlag hatte auf Vater Adoniram die Wirkung, daß er ohne alle Empfindungen Tod zur Erde fiehl.
Nachdem diese drey unglücklichen Gesellen einen solchen bejamernswürdigen Mord, an unsern unglücklichen aber geliebten Vater Adoniram begangen hatten, vereinigten sie sich alle drey ihn zu begraben, weil es aber noch Tag war, getrauten sie sich nicht ihn sogleich fortzubringen, sondern beschlossen, ihn unter einem Steinhauffen, der im Tempel lag, zu verbergen, und da es dunkel geworden war, trugen sie ihn auf einen Berg, wo sie ihn begruben. – Salomo, da er seinen Adoniram in sieben Tagen nicht sah, befahl neun Meistern ihn zu suchen. – Diese versammelten sich im Tempel bey jeder Thüre, nämliche bey der östlichen, südlichen, und nördlichen Thüre, um nachzusehen, was er für einen Weg möchte genomen haben. – Salomos befehle wurde treulich nachgelebt; – denn, da sie eine lange Zeit an den Thüren gewartet hatten, ohne dasjenige zu entdecken, was sie wünschten, so fingen sie an, in den nächst herum liegenden Gegenden, mit vieler Mühe und Eifer nachzusuchen. –
Eine besondere Ahnung führte sie bis zu der Stelle, wo er auf der Spitze eines Berges eingegraben worden war. – Der Schein eines besondern Lichts bewog die 3 Ersten sich dahin zu begeben, und, weil sie sehr müde geworden; so sezten sie sich gerade auf derselben Stelle zur Ruhe nieder, wo er begraben lag. – sie sahen, daß die Erde neulich aufgegraben worden, und fanden für nöthig die Ursache davon zu untersuchen. Als diese 3 Meister zu graben anfingen, fanden sie Adonirams Körper, und gaben den übrigen Meistern sogleich ein Zeichen zu ihnen zu komen. – Und da sie alle ihren vorigen Meister wieder erkannten, so warfen sie zur Stunde auf einige von den Gesellen den Verdacht, saß sie durch diese That Adoniram zwingen wollten, das Meisterwort von sich zu geben. – In der Besorgniß, daß er es ihnen möchte mitgetheilt haben, beschlossen sie augenblücklich es zu verändern, und an dessen Stelle, das erste Wort anzunehmen, welches einer unter ihnen bey Ausgrabung der Leiche sprechen würde.

– sie giengen sogleich zum König Salomo um ihm Bericht von dieser unglücklichen Begebenheit abzustatten, worüber der König sehr betrübt ward, und zum Zeichen der Liebe, welche er gegen Adoniram gehegt hatte, alsbald befahl, daß alle Meister die Leiche aufnehmen, und in den Tempel tragen sollten. – Die neun Meister, welche vorher beschäftigt gewesen, diesen würdigen Vater aufzusuchen, giengen voran, den übrigen den Weg zu zeigen; und da sie die Vorsichtigkeit gebraucht hatten, einen Akazienzweig auf das Grab zu stecken, ehe sie davon weg, und zu Salomo giengen, so hatten sie nun keine Schwierigkeit dasselbe wieder zu finden. – Und da der König Salomo ebenfals ihren Entschluß das Meisterwort zu verändern gebilligt hatte; so würden sie untereinander einig das erste Wort anzunehmen, das während der Ausgrabung der Leiche würde gesprochen werden, wie Wir vorher gesagt haben. – Da begab es sich, daß einer von den neun Meistern: denn diese waren es, welche allein den Leichnam in aller der übrigen Meister Gegenwart ausgruben: da begab es sich – daß einer ihn bey dem vordersten Finger ergriff; – allein die Haut löste sich von den Knochen, und blieb in der Hand zurück. Ein anderer Meister faßte ihn sogleich bey dem Mittelfinger allein es hatte gleiche Wirkung. – Der dritte von diesen Meistern, welcher ihn durchaus aufheben wollte, – ergriff ihn an der vollen Hand, – so, wie man Ihnen bey dieser Aufnahme thun wird; – allein die Haut löste sich ebenfalls von den Beinen, wie die vorigemale, worauf der Meister rieff M. B. welches im hebräischen bedeute, – das Fleisch löst sich von den Beinen, – oder der Körper ist verwesen. –
Endlich als diese Meister unsern unglücklichen Vater ausgegraben hatten, trugen sie ihn mit größter Pracht nach dem Tempel; – Alle Meister waren in ihren Meisterschmuck gekleidet, und mit weissen Handschuhen versehen; damit zu bezeichnen, daß keiner von ihnen so unglücklich gewesen seye, seine Hände mit dem unschuldigen Blute ihres Meisters zu besudeln. – Da alle Meister bey diesem Begräbnis zugegen waren, und es beschlossen ware, das Meisterwort zu ändern; so stellten sie sich in einen Kreis und der erste gab das an den nächstfolgenden, und fuhren damit fort, bis es alle wusten.
Um den ungeschminkten Eifer des Verstorbenen zu belohnen, ließ Salomo eine silberne Schaumünze in drey eckiger Gestalt schlagen worauf das uralte Meisterwort Je – a geprägt ware, und sie oben auf dem Sarge befestigen. –

Um nur ein Beispiel dafür zu geben, was sonst noch alles im späten 18. Jahrhundert über HIRAM erzählt wurde, sei hier aus dem

Ritual der Einweihung eines Ritternovizen vom 7. Jahr im „*Orden der Ritter und Brüder des Lichts*" zitiert. Es handelt sich dabei um die sog. „*Asiatischen Brüder*", ein Konglomerat von Rosenkreuzertum, Freimaurerei und jüdisch-kabbalistischem Gedankengut. Der Orden existierte von 1782 bis 1791.
Die Instruktion ist im folgenden Wortlaut überliefert:

Der Tempel Salomonis, sehr Ehrw. Br.! welcher durchgehends ein Werk unserer Kunst war, und bildlich alle Geheimnisse derselben sowohl alchemisch als theosophisch und magisch vorstellt, wurde von Salomons Zeiten an die Allegorie unseres Ordens, und verdrängte jene Hieroglyphen der Egyptier, welche bis auf einige aus der Schule unseres Ordens verwiesen wurden; und als man im dritten Grade der Fr. Mr. mit der äußersten Behutsamkeit, die in unserer Kunst höchst nöthig ist, lehren, und hierzu ebenfalls eine Allegorie auf dem Zeitalter des Tempelbaues haben wollte, so setzte man aus der Geschichte des Königs Hiram von Tyrus, welcher Salomo den Tempel bauen half, eine allegorische Geschichte zusammen, worauf dieser richtige moralische Lehrsatz zu entnehmen seyn sollte, und Sie sollen sogleich die wahre Quelle derselben erfahren und sodann auch den eigentlichen Verstand der daraus von uns zusammengesetzten Allegorie lernen.

.....

Hiram, König von Thyrus, welcher Salomo den Tempel bauen half, erreichte durch seine große Weisheit unendliche Schätze und ein Alter von 800 Jahren; er übernahm sich sodann seiner Weisheit und glaubte sich Gott ähnlich. Er gründete daher durch seine Kunst zwei Säulen auf's Meer und baute darauf sieben Himmel, und im siebenten derselben baute er einen Thron, der dem Throne Gottes gleichen sollte. Da nun diese schwere Sünde und zu starkes Verfehlen Gott verdroß, sandte er seinen Propheten Ezechiel zu ihm, ihm seine Sünde und Strafe zu verkündigen. Jehova zerschmetterte sodann mit seinem Donner die sieben Himmel Hirams, und er fiel von seiner Höhe und wurde von Menschenhänden ermordet.
Da unsere theosophisch=magisch=chemische Schule sich in der Welt zu vermehren anfing, hielt es unser oberster Meister, unser weisester, erleuchtetster Vorgesetzter für höchst nöthig, die Grade der Wissenschaft seiner Schüler genau unterscheiden zu können. Daher entstanden die Kennzeichen und Worte jeden Grades insbesondere; wenn also die Arbeiter oder Schüler um ihre Belohnung (hier wird ihr Unterricht verstanden) kamen, so ward jeder durch

Wort und Zeichen probirt, um seines Grades sicher zu seyn und ihn sodann dahin zu lassen, wo er hingehörte.
Der Hieroglyph des Mstrs. Gr. ist der Hieroglyph des ersten praktischen Gr. des großen Werks; da man in demselben sowohl die Materie zu Gesicht bekommt, als auch in denselben der so besonders geheime und für die Profanen verdeckte Aufschluß gelehrt und deutlich gezeigt wird; so wurden in diesem Grade zwei Worte gegeben, um ihn von den vorigen auszuzeichnen, und auch desselben noch mehr gesichert und vergewissert zu seyn.
Diese Eintheilung und Hirams zusammengesetzte Geschichte machte die Behutsamkeit nothwendig, die sie lehrten.
Der geheime Verstand von Hirams Geschichte ist folgender:
Hiram, der unsere Materie anzeigt, ward durch drei Gesellen getödtet, um das Wort herauszubringen, welches Jehova ist, das ist, das Zentralfeuer. Sie gruben ihn ein, und hatten bereits das Caput Mortuum desselben, welches der frische Hügel andeutet, wie auch der Todtenkopf; und der Geist stand bereits gräulich empor, welches die Acacia anzeiget, und welches das neue Mstr. Wort Mackbenach ebenfalls anzeiget; denn Mack heißt Putrefaction, welches nämlich die erste Ausrufung, des Erstaunen war; und das zweite, benach, heißt im Scheine, nämlich, es steigt bereits im Geiste empor; und das war der zweite Anblick und der zweite Ausruf des Erstaunens, daher wird das Mstr. Wort auch getheilt ausgesprochen.
Alles Uebrige dieser Geschichte ist ohne Bedeutung, und ist blos da, um der Erzählung äußerlich ein kostumatischeres Ansehen zu geben, und den eigentlichen Verstand zu verhüllen und zu verdunkeln.

In der Freimaurerei der Gegenwart wird die HIRAM-Erzählung während der Meistererhebung rituell vorgetragen und gleichzeitig szenisch-simuliert mit dem zu Erhebenden nachvollzogen. Da es interessant ist, wie sich die Geschichte auch jetzt noch in den einzelnen deutschsprachigen Obödienzen etwas unterscheidet, werden als Beispiele die entsprechenden Passagen aus dem Ritual der Großloge der Alten Freien und Angenommenen Maurer von Deutschland und der Großloge von Österreich einander gegenübergestellt.

Ritual III. A. F. u. A. M. (1982).
Von Deiner Arbeit als Lehrling und Geselle ist Dir bekannt, daß das grundlegende Motiv der maurerischen Symbolik der Bau des Salomonischen Tempels ist. HIRAM ABIF, der Sohn einer Witwe

aus dem Stamme Naphtali, war der Baumeister, dem König Salomo die Aufsicht über den Bau anvertraut hatte.
Fünfzehn Gesellen vom Bau des Tempels sahen, daß das Werk fast vollendet war, ohne daß sie bislang das Meisterwort erhalten hatten. Sie begehrten, es vor der rechten und gesetzmäßigen Zeit zu erlangen, um in anderen Ländern für Meister angesehen zu werden und Meisterlohn zu empfangen. Sie taten sich zusammen, um es ihrem Meister mit Gewalt abzufordern. Zwölf von ihnen bereuten ihren Vorsatz, drei beschlossen, ihn auszuführen.
Alle kannten HIRAMs Gewohnheit, um Mittag, wenn die Arbeiter zur Erholung gerufen waren, in den Tempel zu gehen und zu beten [7]. So stellten sich die Verschwörer eines Tages um diese Zeit an den drei Toren im Osten, Süden und Westen auf, um ihm beim Verlassen das Meisterwort abzuzwingen.
Als HIRAM an das östliche Tor kam, vertrat ihm der Erste den Weg und forderte drohend das Wort. Ruhig erwiderte der Meister, daß er es auf diese Weise nicht erlangen werde. Nur die Zeit und seine geduldige Arbeit könnten es ihm verschaffen. Unzufrieden mit dieser Antwort, schlug ihm der Geselle mit dem Maßstab quer über die Gurgel.
Erschreckt wandte sich HIRAM zum südlichen Tor. Dort wurde er in gleicher Weise von dem Zweiten aufgehalten, dem er dieselbe Antwort gab. Aufgebracht versetzte ihm der Geselle mit dem Winkelmaß einen Schlag auf die linke Brust, der ihn taumeln ließ.
Schwer getroffen, floh HIRAM zu dem Tor im Westen. Dort stellte sich ihm der dritte Verschwörer in den Weg und forderte das Meisterwort von ihm. Den Tod vor Augen blieb der Meister standhaft und empfing mit dem Spitzhammer den tödlichen Schlag auf die Stirn.
Die drei Gesellen trugen HIRAMs Körper aus dem westlichen Tor des Tempels und verbargen ihn unter dem Bauschutt. Um Mitternacht, als alle Arbeiter zur Ruhe gegangen waren, schleppten sie ihn fort und begruben ihn am Hang eines Berges. Um die Stelle wiederzufinden, steckten sie den Zweig einer Akazie in die Erde.
HIRAM wurde bald vermißt, und Salomo ließ Nachforschungen über seinen Verbleib anstellen. Da wurden die zwölf Gesellen, die von dem verbrecherischen Plan zurückgeschreckt waren, von ihrem Gewissen getrieben. Mit weißen Handschuhen als Zeichen ihrer Unschuld angetan, traten sie vor den König und entdeckten ihm, was sie wußten.
Er sandte sie aus, die drei Mörder, die die Flucht ergriffen hatten, zu verfolgen. Drei gingen nach Osten, drei nach Süden, drei nach

Westen und drei nach Norden. Einer von ihnen hörte, als er an einer Felswand ausruhte, aus einer nahegelegenen Schlucht Stimmen an sein Ohr dringen:
„O daß meine Gurgel durchschnitten, meine Zunge ausgerissen und ich im Sande des Meeres zur Zeit der Ebbe verscharret werde, eines Kabeltaus Länge vom Ufer, wo Ebbe und Flut zweimal in vierundzwanzig Stunden wechseln." Eine andere Stimme klagte: „O daß mein Herz aus meiner Brust gerissen und eine Speise der Raubvögel werde!" Und eine dritte Stimme rief: „Ich schlug ihn stärker als ihr, ich tötete ihn! O daß mein Körper in zwei Teile zerteilt, meine Knochen verbrannt und meine Asche in die vier Winde verstreut werde!"
Der lauschende Geselle holte seine Gefährten heran. Sie stiegen hinab in die Schlucht, griffen und banden die Mörder und brachten sie vor König Salomo.
Danach sandte der König neun Meister aus, um den Körper HIRAMs zu suchen, damit er an heiliger Stätte begraben werde. Das Meisterwort aber war mit HIRAM verloren. Darum bestimmte Salomo, das erste bei der Auffindung HIRAMs gesprochene Wort solle das neue Meisterwort sein.

Ritual des 3. Grades (Erhebung) der Großloge von Österreich (1975).
Wir Freimaurer lehren nicht nur durch Worte, sondern auch durch Beispiele und Symbole. Darum werdet ihr, meine Brr.: GG jetzt eine Legende hören, die Geschichte eines Mannes, der uns als die Verkörperung aller frm. Tugenden erscheint. Sein Leben und Sterben ist uns der Inbegriff der FMEI. Um sein Andenken zu ehren, haben wir uns in das Gewand der Trauer gehüllt.
Höret die Legende von HIRAM!
Als König Salomo sich mit der Absicht trug, in Jerusalem einen grossen, prächtigen Tempel zu erbauen, wandte er sich an den König von Tyrus mit der Bitte, ihm einen tüchtigen Baumeister zu senden, weil dort in jener Zeit die Baukunst in hoher Blüte stand. Der König von Tyrus entsandte HIRAM, einer Witwe Sohn, auch HIRAM ABIF genannt. Er war der bedeutendste Baumeister seiner Zeit, auch in allen anderen Künsten und Wissenschaften wohl erfahren, ein gerechter und wohlwollender Mann. König Salomo betraute ihn mit der Leitung des Tempelbaues.
Aus den vielen Arbeitern am Bau bildete er nach ihren Kenntnissen und Fähigkeiten drei Abteilungen: Meister, Gesellen und Lehrlinge.

Diese hatten jeweils besondere, streng geheim zu haltende Zeichen, durch die sie einander erkannten. Dann teilte Hiram den Bauplatz in drei Teile. Im Vorhof errichtete er die Säulen „J" und „B". Dort versammelten sich die LL und GG bei allen Lohnzahlungen und Beratungen, während die MM im mittleren Raume zusammenkamen. Keiner hatte dort Zutritt, der nicht Zeichen, Wort und Griff kannte. Es kam aber ein Tag, an dem 15 GG den verbrecherischen Plan faßten, HIRAM das geheime Meisterwort zu entreißen, um sich als MM ausgeben zu können und solcherart auch Meisterlohn zu erhalten. 12 von ihnen bereuten freilich bald diesen Vorsatz und traten von der Ausführung des Vorhabens zurück. Drei GG jedoch beharrten auf ihrem Plan.
Alle Werkleute kannten die Gewohnheit HIRAMs, zu Hochmittag, wenn die Arbeit ruhte und der Bauplatz verlassen war, den Fortschritt am Werk zu prüfen. Nun verbargen sich die drei ungetreuen GG, ein jeder an einem der drei Ausgänge, im W, S und O. – Als HIRAM zum westlichen Tore kam, vertrat ihm einer der drei Bösewichte den Weg, und forderte drohend das Meisterwort. Ruhig und voll Güte antwortete HIRAM: „Unglücklicher, was begehrst du. Auf solche Weise kannst du das Meisterwort niemals erlangen. Was sollte es dir ohne die Kenntnisse und Fähigkeiten eines M auch nützen. Gedulde dich, bis du reif für den Meistergrad bist."
Vergeblich war HIRAMs väterliches Mahnen. Vom Zorn über die Weigerung des Meisters übermannt, schlug ihn der Geselle mit dem Masstabe über die Kehle.
HIRAM flüchtete zum südlichen Ausgang, da wurde er auf die gleiche Weise vom 2. G angehalten. Auch dieser verlangte ungestüm das Meisterwort. HIRAM verweigerte es auch ihm. Wütend versetzte ihm der Bösewicht mit dem Winkelmaß einen heftigen Schlag auf die linke Brustseite, der den Meister zum Taumeln brachte.
Fast betäubt wankte HIRAM zum östlichen Tor. Dort vertrat ihm der Letzte der drei Verräter den Weg und verlangte, wie schon die anderen, gewaltsam das Meisterwort. Dem Tode nahe, blieb HIRAM dennoch standhaft. Da empfing er mit dem Spitzhammer den dritten und tödlichen Schlag auf die Stirn.
Die drei Gesellen schleppten den Leichnam durch das Tor hinaus und verbargen ihn unter einem Schutthaufen, um ihn zu mitternächtlicher Stunde am Hang eines Hügels zu verscharren.
HIRAM wurde bald vermißt. Salomo befahl, nach ihm zu forschen. Da rafften sich die zwölf Gesellen, die ihren Vorsatz bereut und von dem Vorhaben Abstand genommen hatten, auf und traten vor den

König. Zum Zeichen ihrerer Unschuld trugen sie weiße Schürzen. Sie teilten dem König mit, was sie wußten. Sogleich schickte Salomo die Meister aus, die drei Mörder zu suchen. Einer der Suchenden, an einer Felswand ausruhend, hörte aus einer nahen Schlucht jammervolles Wehklagen:
Oh, hätte man mir die Kehle durchgeschnitten, bevor ich am Morde meines Meisters teilgenommen!
Ein zweiter rief:
Oh, wäre mir das Herz aus der Brust gerissen worden, ehe ich half, unseren Meister zu ermorden!
Der dritte aber schrie:
Oh, hätte man meinen Körper in zwei Teile geteilt, bevor ich am Tode unseres Meisters schuldig wurde!
Der Horchende holte eilends seine Gefährten. Sie stiegen in die Schlucht, ergriffen und banden die Mörder und brachten sie so vor den König. Dort bekannten diese ihre ruchlose Tat, verlangten den Tod und erhielten ihn durch die selbstgewählten Strafen. Zuvor aber gaben sie noch die Richtung an, in welcher das Grab zu suchen wäre und sagten, sie hätten darauf einen Dornenstrauch gepflanzt. Nun beauftragte Salomo einige Meister, HIRAMs Leiche zu suchen, damit diese im Allerheiligsten des Tempels bestattet werde.
Zugleich bestimmte er, es möge für die Zukunft ein neues Meisterwort gewählt werden, weil das alte, das der ermordete Meister in einem Medaillon eingraviert am Halse getragen hatte, wahrscheinlich verraten war und deshalb nicht mehr beibehalten werden konnte. Als neues Meisterwort bestimmte er jenes Wort, welches einer der suchenden Meister als erstes im Augenblicke der Hebung von HIRAMs Leiche aussprechen werde.
Laßt uns den Leichnam des Meisters suchen.
Als die Meister in der angegebenen Richtung zu suchen begannen, fiel ihnen frisch aufgeworfene Erde auf. Aber statt des Dornenstrauches fanden sie eine blühende Akazie. Sie begannen zu graben, und als die Leiche HIRAMs zum Vorschein kam, erhoben sie in stummem Schmerze ihre verschlungenen Hände über das Haupt.

Die HIRAM-Erzählung ist als bloßer Fallbericht für den, mit den großen und kleinen Katastrophen der Gegenwart, durch die Massenmedien vertrauten Menschen, nicht sehr aufregend. Drei Gangster überfallen einen Vorgesetzten; sie wollen ihm ein Codewort abpressen, und als er sich weigert, schlagen sie ihn auf komplizierte Weise tot. Ein klassischer Ritualmord, dessen Motiv – der Erwerb

eines Geheimcodes – völlig wertlos ist, da derselbe ja sofort geändert werden konnte. Schließlich scheitert noch der Versuch, die Leiche zu beseitigen, kläglich.
Nimmt man die Geschichte so wortgetreu, wie sie im Ritual vorgetragen wird, dann war der Schöpfer bzw. Gestalter ein einfacher Geist, der von der Todessymbolik keine Ahnung hatte.
Aber die simple Kargheit wird zum Vorteil, denn mit diesem HIRAM kann sich jeder Freimaurer identifizieren; eine Nachfolge Christi, Buddhas oder Mohammeds wäre nicht so leicht vorstellbar. Vor allem aber kann kein Bruder sich dem starken Eindruck entziehen, den er als Mitspieler des rituellen Dramas empfängt. Bei der Erhebung wird tatsächlich ein Mysterienspiel gefeiert, und die Teilnahme daran ist unvergeßlich.
Jeder Freimaurer wird veranlaßt, sich mit dem Problem des Todes auseinanderzusetzen; er muß damit vertraut und vorbereitet sein. Das sollte er aber richtig tun.
Sterben im freimaurerischen Sinn heißt nicht Vernichtung des Körperlichen, schon gar nicht Reinkarnation, sondern der Tod ist für den Esoteriker ein Schritt in das Licht. Ob wir uns dessen dann noch bewußt sein werden, ist das große Geheimnis.
Sterben im biologischen Sinn ist eine Notwendigkeit, denn nur dann kann eine neue Generation leben, wenn die alte abgestorben ist. Der Sinn des Lebens und des Sterbens ist für den Einzelnen, die „Fackel des Bios" eine Strecke mitgetragen zu haben.
Auf jeden Fall fordert die Beschäftigung mit dem Ritual des 3. Grades für den Esoteriker geradezu zwingend eine Vertiefung. Der Weg zu den „Perfektionslogen" führt über diesen ersten Horizont hinaus.

Anmerkungen:

(1) Reverend Dr. phil. et theol. James Anderson (etwa 1680 - 1739), geboren in Aberdeen war Prediger der schottischen Presbyterianer in London. Wahrscheinlich war er schon in Schottland Freimaurer geworden, ehe er nach London übersiedelte. Er gibt an, der Herzog von Montagu habe in der Versammlung der Großloge sein Mißfallen über die vorliegenden alten „gotischen" Konstitutionen geäußert und ihn mit der Bearbeitung betraut. Ein Teil aus seinem Werk – die Alten Pflichten – haben bis heute grundlegende Bedeutung.

(2) Der englische Literat John Noorthouck (1746 - 1816) war seit 1771 Mitglied der Lodge Antiquity in London und wurde von der

Großloge von England mit der Neubearbeitung der Konstitution beauftragt.

(3) Nach Muret-Sanders und Langenscheidt: mason – 1. Steinmetz, Steinhauer; 2. Maurer; 3. Freimaurer.

(4) Einer der beiden Künstler, welche die Oberaufsicht bei der Anfertigung der mosaischen Kultgegenstände hatten. Exodus 31, 1 - 5: *Der Herr sprach zu Mose: Siehe, ich habe Bazalel ..... mit dem Geist Gottes erfüllt, mit Weisheit, mit Verstand und Kenntnis für jegliche Arbeit: Pläne zu entwerfen und sie in Gold, Silber und Kupfer auszuführen und durch Schneiden und Fassen von Steinen und durch Schnitzen von Holz allerlei Werke herzustellen.*

(5) Jacob u. Wilhelm Grimm, Deutsches Wörterbuch, Bd. 15: wird auch gebraucht im Sinne von „*aus der Haut schlüpfen*".

(6) Jacob u. Wilhelm Grimm, Deutsches Wörterbuch, Bd. 11: kleines, vorspringendes Dachfenster (heute als Gaupe bezeichnet).

(7) Es ist von den Religionsbestimmungen her unmöglich, in einem unfertigen, noch nicht geweihten Tempel zu beten. Diese Textstelle sollte im Ritual geändert werden!

IX. WER WAR HIRAM?

Der beim Bau des salomonischen Tempels an leitender Stelle arbeitende Künstler wurde in den hebräischen Texten der Bibel mit verschiedenen Namen bezeichnet, welche vor allem unterschiedlich ausgesprochen wurden.
Tatsache ist, als erster Buchstabe wurde immer ein „chet" geschrieben, alles andere ist eigentlich offen. CHIRAM oder CHURAM sind die am häufigsten gebrauchten Namen, aber eine Vielzahl anderer Aussprachevarianten sind möglich[1]. Die Namensbezeichnung HIRAM ist im hebräischen Bibeltext nirgends vorhanden.
Dazu kam noch an zwei Textstellen ein Beiwort, nämlich 2. Chronik 2, 12: HIRAM AWI (Aleph-Bet-Jod) und 2. Chronik 4, 16: HIRAM AWIW (Aleph-Bet-Jod-Wet).
In keiner deutschsprachigen Bibelübersetzung kommte die Namensbeifügung „abif" vor, diese wurde nur im maurerischen Schrifttum gebraucht und geht auf die berühmte Fußnote in Andersons Konstitutionenbuch von 1723 (page 15) zurück, wo er HIRAM den Architekten und HIRAM den König auseinanderzuhalten versucht.
2. Chronik 4, 16: „Shelomoh lammelech Abhif Churam ghnaseh."
„Did Huram, his Father, make to King Salomon."
Und Anderson fährt fort: „Die Schwierigkeit ist dann vorbei, wenn das Wort Abif als Beiname von Hiram dem Masonen aufgefaßt wird..." „But the Difficulty is over at once, by allowing the Word Abif to be the Surname of Hiram the Mason..."
In den deutschen Übersetzungen schrieb an dieser Stelle Martin Luther „machte Huram, der Meister, dem König Salomo" und die moderne Einheitsübersetzung lautet „machte Hiram-Abi dem König Salomo".
Mit dieser Andersonschen Fußnote entstand eine fatale Namensgebung, denn seither wird ein Beiname durch die verschiedenen Rituale geschleppt, häufig als „Abif", manchmal sogar „Abiff".
Entgegen vorgebrachten Behauptungen muß klargestellt werden, daß Luther in seiner Bibelübersetzung nirgends „Abif" geschrieben hat.
Was bedeutet aber der Name wirklich, hat er irgendeine Aussage? Die Silbe „ram" bedeutet etwa „erhaben, edel" und ist in Abraham =Awraham =Awiram = Awram enthalten. „Ab" bzw. „Aw" steht für

„Vater" und demnach heißt Abraham „der erhabene Vater". Wenn „Ab" = „Aw" Vater bedeutet, so heißt „Abi" = „Awi" mein Vater und „Awiw" ist ein Genetiv und steht je nach Leseart für „meines Vaters" oder „seines Vaters".
HIRAM ABI (AWI) ist in der Bedeutung HIRAM mein (der, meines, seines) Vater aufzufassen, oder noch besser und vor allem einfacher „Vater HIRAM".
Hier ist in der Interpretation genau darauf zu achten, daraus keinen Verwandtschaftsgrad zu konstruieren. Das Wort „Vater" war bei den Hebräern ein Ausdruck der Ehrerbietung oder diente zur Bezeichnung einer hervorragenden Stellung. Es ist weiter wichtig zu beachten, daß HIRAMs Beiname Abi bzw. Awi nicht in bezug auf König Hiram von Tyrus, sondern in Beziehung auf König Salomo verwendet wird – awiw = sein Vater, denn hier ist Vater in der Bedeutung *Ratgeber, Meister* gebraucht.
Ab(w)i ist kein Name, sondern ein Titel, eine Ehrenbezeichnung. Dazu paßte sehr gut, daß HIRAM als einziger der Bauleute mit Namen genannt wurde; er hatte im wahrsten Sinne eine Sonderstellung. Es spricht alles dafür, HIRAMs Beinamen so aufzufassen und treffend mit „*Vater Hiram*" oder „*Meister HIRAM*" zu übersetzen.
Folgt man dieser Interpretation, müßte zwangsläufig die grammatikalisch und sinngemäß falsche Bezeichnung HIRAM ABIF aus dem maurerischen Sprachgebrauch und dem Ritual entfernt werden. Weiter könnten wir mit Sicherheit annehmen, daß aus der semitischen Gottesbezeichnung Adon (Pluralis majestaticus – Adonai), d. h. „*Herr*" und dem tyrischen HIRAM durch Wortzusammenziehung ADONHIRAM bzw. ADONIRAM geworden ist. Somit wird auch sprachgeschichtlich untermauert, daß in der Quellenliteratur HIRAM und ADONIRAM ein und dieselbe Person sind.
Was können wir aus den biblischen Texten über HIRAMs Abstammung herauslesen?
1. Könige 7, 14: *„Der Sohn einer Witwe aus dem Stamm Naftali. Sein Vater war ein Bronzeschmied aus Tyrus."*
2. Chronik 2, 13: *„... Sohn einer danitischen Frau. Sein Vater stammt aus Tyrus."*
Diese Stellen sollten nicht gegeneinander ausgespielt, sondern synoptisch gebraucht werden. Die Stämme Dan [2] und Naftali [3], denen die Mutter HIRAMs jeweils angehört haben soll, lebten in unmittelbarer Nachbarschaft der Phönizier. Daß es zwischen beiden Stämmen und den Phöniziern zu engeren Beziehungen gekommen

ist, scheint nicht ausgeschlossen. Und daß Kunsthandwerker eher bei den reichen, urbanen, gebildeten Phöniziern aufwuchsen, als bei den Ackerbauern und Viehzüchtern in Israel, wäre auch verständlich.
Wie das mit der Witwe gemeint ist, bleibt unklärbar. Es ist nicht ersichtlich, ob der Bronzeschmied eine Witwe geheiratet oder durch frühen Tod hinterlassen hat. Etwas gekünstelt scheint die manchmal angebotene Version, die Mutter, eine Jüdin aus dem Stamme Naftali, habe zuerst einen Mann aus Dan geheiratet, sei dann verwitwet und hätte in zweiter Ehe dem phönizischen Bronzeschmied den HIRAM geboren.
Sei dem wie auch immer, in einem stimmen die Quellentexte überein: HIRAMs Vater war kein Israelit, seine Mutter allerdings eine Jüdin. Das ist überraschend genug, denn nach dieser Konstellation stammt der Meister des salomonischen Tempelbaues aus einer Verbindung, die nach den mosaischen Gesetzen (Deuteronomium 7, 1 - 4) [4] untersagt war.
Die Kosequenzen daraus sind nicht gering:
1. Der bedeutendste jüdische Bau, der Tempel Salomos, wurde von einem Nichtjuden oder Halbjuden errichtet, einem Fremden, einem Ungläubigen.
2. Aber der Phönizier HIRAM betete vor seiner Ermordung im heiligen Tempel des jüdischen Gottes Jahwe.
Hier besteht jedenfalls ein Bruch in der Geschichte. Ist HIRAM konvertiert oder soll dies ein Hinweis auf religiöse Toleranz sein? Diese Frage müssen wir offenlassen.

Was war wirklich der Beruf HIRAMs?
Die Bibel-Texte sind weitgehend übereinstimmend. *„Ein fähiger, kluger Mann, verständig, Arbeiten in Gold, Silber, Bronze, Eisen, Stein, Holz, Purpur, Byssus und Karmesin auszuführen, Gravierungen zu besorgen"* und – jetzt kommt ein entscheidender Passus – *„jeden Plan zu entwerfen, der ihm aufgetragen wird"* (2. Chronik 2, 13). *„Er war mit Weisheit, Verstand und Geschick begabt"*, aber nirgends steht, er wäre ein Baumeister gewesen. Nach den heute üblichen Berufsbezeichnungen könnte man ihn *„Designer"* nennen. Die mittelalterliche Ansicht, daß von allen Handwerken die das Feuer zähmende Schmiedekunst und Metallbearbeitung die bedeutendste war, hat vielleicht dazu geführt, in der maurerischen Sage einen ursprünglichen *„Meister in Erz"* in einen *„Baumeister"* umzuwandeln.

Nur eine kleine Korrektur am Rande: Überall wo in den Bibelübersetzungen *„Bronze"* steht, heißt es im Urtext *„Kupfer"*.

Wir konnten über HIRAM manche Mosaiksteine zusammentragen, aber ein vollkommenes Bild blieb uns versagt. Gerade das ist aber der Schlüssel zum Verständnis der Symbolfigur des HIRAM. Suchen wir in der HIRAM-Sage oder in der ritualgerechten Erzählung eine historische Wahrheit, so müssen wir scheitern. Freimaurerisches Gedankengut soll offenbleiben für den einzelnen Bruder, der jeweils selbst den für ihn zutreffenden Sinn herauszufinden hat.

Erkenntnis kann nur mühevoll gewonnen werden. HIRAM stellt keine individuelle Persönlichkeitt dar, sondern darüber hinaus die Idee eines Mannes. Nicht aber im Sinne Platons, nur als sinnlich unfaßbares Urbild, sondern entsprechend der Vorstellung Immanuel Kants: *„Eine Idee ist nichts anderes als ein Begriff von einer Vollkommenheit, die sich in der Erfahrung noch nicht findet.... Erst muß unsere Idee nur richtig sein, dann ist sie bei allen Hindernissen, die ihrer Ausführung im Wege stehen, gar nicht unmöglich"*.

Daher ist dieser HIRAM, sei er nun Schmied, Designer, Maurer oder Architekt, in der Symbolik der Freimaurerei die Verkörperung der abstrakten Idee eines arbeitenden Mannes – arbeitend am rauhen Stein und am Tempel der Menschlichkeit.

Anmerkungen:

(1) Wie bereits auf Seite 35 erwähnt, sind als Namensvarianten CHIROM, CHIRUM, CHURAM und viele andere möglich. Nicht auszuschließen ist auch CHARUM, was einen interessanten Aspekt eröffnet. CHARUM bedeutet *„der unter dem Bann stehende, d. h. der Verbannte"*. Vielleicht war HIRAM verbannt worden: entweder vom Stamm seiner Mutter, weil diese einen Nichtjuden geheiratet hat, oder aber aus Phönizien, weil sein Vater eine Jüdin heiratete, oder aber auch der Verdacht bestand, daß er als Judenabkömmling seine Berufsgeheimnisse und handwerklichen Künste an die Arbeiter König Salomos verraten habe. Das ist allerdings nur Spekulation über die Bedeutung eines Namens, Beweise gibt es nicht.

(2) Der nach Jakobs Sohn Dan benannte Stamm wanderte nach dem Norden, die Stadt Dan wurde zur Nordgrenze Israels.

(3) Der nach Jakobs Sohn Naftali benannte Stamm ließ sich im Westen des Sees Gennasaret nieder, direkt neben Dan.

(4) „Wenn der Herr, dein Gott, dich in das Land geführt hat, in das du jetzt hineinziehst, um es in Besitz zu nehmen, wenn er dir viele Völker aus dem Weg räumt .... Du sollst .... dich nicht mit ihnen verschwägern. Deine Tochter gib nicht seinem Sohn, und nimm seine Tochter nicht für deinen Sohn".

X. MOTIVE UND SYMBOLE IN DER HIRAM-SAGE

Als Motiv wird einmal der „Beweggrund" für die handelnden Personen bezeichnet, also deren Motivation – z. B. der Entschluß für die Ausführung eines Attentats; zum anderen ist ein Motiv die typische Situation, das allgemeine Thema ohne konkrete Festlegung der Akteure – z. B. die Opferung des eigenen Lebens für die Bewahrung ethischer Werte.
Das Symbol war im ursprünglichen Sprachgebrauch ein Erkennungszeichen, wodurch ein sonst nicht wahrnehmbarer Sinngehalt manifestiert wurde. Symbole sind sichtbare Zeichen einer unsichtbaren Wirklichkeit – z. B. Zeichen, Wort und Griff sind der konkrete Ausdruck einer geistigen, ideellen Bedeutung.
Symbole im rituellen Gebrauch führen den Geist über die Grenzen der real-manifesten Welt; Symbole sind Verhüllung und Offenbarung zugleich. Symbolisches läßt sich mit unserer ratio nicht begreifen; das Symbol kann und soll nicht in Worte gefaßt werden.
Zum wirksamen Gebrauch der Symbole ist es nicht nötig, daß man sie versteht und erklären kann, es genügt, sich mit ihnen zu beschäftigen und über sie nachzudenken.
Alle Motive der HIRAM-Sage haben symbolischen Charakter. Eine Erklärung kann sich daher nur auf Hinweise beschränken und helfen, Ahnungen zu erwecken, um gedanklich in Vielschichtiges einzudringen.

1. DAS KERNSYMBOL: MORD UND OPFERTOD

Die HIRAM-Geschichte verkörpert ein klassisches Motiv, daß eine Leitfigur in Erfüllung ihrer Pflicht den Opfertod erleidet. Das Ritual geht darüber hinaus und führt eine symbolische Wiedererweckung vor.
Es geht nicht um das Sterben eines alten Patriarchen, der nach Vollendung seines Lebenswerkes beim Tode seine Weisheit an würdige Erben weitergibt. Hier wird vielmehr einer aus voller Tätigkeit plötzlich und zu früh herausgerissen und nimmt sein Geheimnis mit ins Grab. HIRAM gehört in die Reihe jener tragischen Gestalten, deren gewaltsamer Tod sich später als segensreich erwies, da er für die zurückbleibenden Jünger Erneuerung und Erhöhung, Vorbild und Motivation bedeutete; solches kennen wir von Osiris und Sokrates,

von Jesus und vielen anderen, die einen Opfertod erlitten. Eines dürfen wir aber niemals vergessen: HIRAM starb nicht als Erlöser, sondern als meisterlicher Mensch.
Es ist ein altbekanntes psychologisches Phänomen, daß Individuen, die sich über die Massen erheben, entweder angejubelt oder als verdächtig-störend angesehen werden – „*hosianna!*" und „*crucifige!*" stehen nicht nur im Christentum eng beisammen.
Die bei Tieren meist vorhandene instinktive Hemmung der Tötung von Artgenossen wurde leider beim Menschen noch keineswegs durch eine ethische Hemmung ersetzt. Es wird sogar mit höchster Intelligenz und technischer Perfektion die Massenvernichtung an Artgenossen geplant und ausgeführt. Wir müssen erkennen, die humane Stufe der Existenz noch nicht erreicht zu haben. Hart aber wahr ist die Erkenntnis, daß die Massenpsyche gegen das geistig überlegene Individium aggressiv reagiert. Aber gerade die Herausragenden – man könnte sie Meister nennen – haben den wahren Fortschritt gebracht, aber nur derjenige Teil der Menschheit, welcher hinreichend zivilisiert und kultiviert war, hat das auch gewußt und die Massenpsyche daran gehindert, ihre Meister zu erschlagen.
Das sind keine archaischen Vorgänge, sondern sie finden bis in die Gegenwart hinein statt. Heute werden die Meister, wenn der Gegensatz zur Masse zu groß geworden ist, in die Emigration vertrieben. HIRAM wird immer wieder und immer erneut erschlagen. Was kann uns diese Symbolik lehren? Was ist zu tun?
Als erstes und wichtigstes ist es nötig, die Aggressionstendenzen unserer eigenen Unzulänglichkeit zu entdecken, an der rauhen, steinharten Vorurteilsfreudigkeit der eigenen Person zu arbeiten und in höherer Erkenntnis Frieden zu finden. Wenn wir durch unsere eigene Einsicht tolerant werden – also nicht durch Schwäche und Kritiklosigkeit – so haben wir eine Stufe zur Meisterschaft erklommen. Der nächste Schritt erfordert, sich mit HIRAM zu identifizieren, selbst zu erfahren, wie einsam und oft angefochten der strebende und suchende Mensch ist. Wir müssen lernen damit zu leben.
Die letzte Stufe ist die Erkenntnis, daß hinter der Symbolik vom gewaltsamen Tode des Meisters ein Trost verborgen ist: seine Lehre, sein Geist, sein Vorbild gehen nicht zugrunde, sie wirken fort. Ja, noch mehr, denn der Tod, den HIRAM freiwillig auf sich genommen hat, ist Voraussetzung für das Übergehen seines Geistes auf seine Nachfolger.
Dies soll uns Trost sein, wenn wir an der Bruderschaft oder an der Menschheit zu verzweifeln drohen.

Wo ein Mord geschah, müssen auch Mörder sein! Da die HIRAM-Erzählung kein Kriminalroman ist, worin der Superdetektiv den Mörder überführt, sondern wir Symbole zu deuten haben, lautet die nächste Frage: was ist die symbolische Bedeutung der Mordgesellen? Zweck und Absicht sind bei allen drei gleich gewesen, lediglich die Werkzeuge waren verschieden. Hierbei divergieren die einzelnen Versionen derart, daß keine einheitliche Sinndeutung möglich ist. Die drei Gesellen symbolisieren drei der schlechtesten Eigenschaften, die im Gegensatz zu den Ideen der Freimaurerei existieren.

Der erste Geselle verkörpert die *mangelnde geistige Reife*, die Gesetze der Welt anzuerkennen. Sind wir selbst nicht auch manchmal unzufrieden und meinen erzwingen zu können, was uns nicht zusteht? Trotz und Auflehnung sind die Folge, nur die Überlegenheit der Vernunft kann uns im Zaume halten.

Der zweite Geselle verkörpert die *Eitelkeit*. Übertriebener Ehrgeiz treibt dazu, nur den Weg nach äußeren Ehren zu suchen; Ansehen, Macht und Reichtum heißen die Ziele. Es ist ein Streben nach höherem Lohne, ohne dessen würdig zu sein. Vor der Gefahr dieses Egoismus kann nur die Besinnung auf Menschen- und Bruderliebe schützen.

Der dritte Geselle verkörpert den *Fanatismus*, die rücksichtslose, blinde Intoleranz. Alle Mittel sind zur Erreichung des Zieles erlaubt. Daher mußte auch der letzte Schlag der Todesschlag werden.

Vernunft, Menschenliebe und Toleranz fehlten den Gesellen, daher waren sie von der Meisterwürde weit entfernt.

Allen Überlieferungen der HIRAM-Geschichte ist gemeinsam, daß der letzte tödliche Schlag mit einem Hammer auf den Kopf erfolgte. In den religiösen Vorstellungen der Etrusker wurde ein solches Ereignis bei jedem Sterbenden angenommen. Der Todesgott Charu(n) schlug die Menschen mit seinem Hammer auf den Schädel und sie starben.

Verblüffenderweise ist der einzige Mensch, dem dies heute noch widerfährt, der Papst in Rom. Wenn nämlich ein Papst gestorben ist, gilt er offiziell erst dann als tot, wenn ein eigens hierfür zuständiger Würdenträger ihm mit einem kleinen silbernen Hammer auf die Stirne geschlagen hat.

Letztendlich ist nicht von der Hand zu weisen, daß das Symbol des Opfertodes eines der archaischsten und am weitesten verbreiteten Rituale verschleiern sollte – das des Menschenopfers. Es war im Nahen Osten zu biblischer Zeit durchaus nicht ungeheuerlich, einen Tempelbau mit Hilfe eines „*heiligen Leichnams*" – dem eines Kindes, einer Jungfrau, eines Königssohnes u. dgl. – zu weihen. Die Geschichte von Abraham und Isaak liefert nur den bekanntesten von zahlreichen Hinweisen, wonach die alten Hebräer die Praxis von Menschenopfern pflegten. Archäologische Funde von Kinderskeletten in Tonkrügen, welche in den Grundmauern eingelassen waren, bestätigen dies. Später versteckte man in den Fundamenten der Heiligtümer Schätze, heute legt man Urkunden hinein.

Bei der Grundsteinsetzung antiker Bauwerke war man überzeugt davon, der Bau könne nur gelingen, wenn er sein Opfer bekommen hat. Dieser Aberglaube der Bauleute ist uralt und von daher rühren auch die zahlreichen Sagen von Baumeistern, die Fehler an ihrem Bau entdeckten und sich dann selbst töteten. Es ist wahrscheinlich, daß in der Geschichte über den Baumeister HIRAM, zumindest als Teilkomponente, eine echte Bauopfersage versteckt und symbolisch übertüncht wurde.

2. EIN ZWEITES SYMBOL: DAS VERLORENE MEISTERWORT

Wie uns die Sage berichtet, wurde, als HIRAM vermißt war, angeordnet, das alte Meisterwort durch ein neues zu ersetzen. So ist das alte Meisterwort zum „*verlorenen Wort*" geworden. Daß auch dies symbolisch zu verstehen ist, wird aus Varianten der „*Großen Erzählung vom Tempelbau*" (siehe Seite 41) und alten Ritualen (siehe Seite 81) deutlich. Dort antwortet nämlich HIRAM dem ersten Attentäter auf seine Forderung mit dem Wort, er allein könne es ihm nicht sagen, denn das Wort sei nur von drei Personen gemeinsam – König Salomo, König Hiram und ihm, dem Meister am Tempelbau – mitteilbar. Dies weist sicherlich auf den altgeübten Brauch des getrennten Syllabierens von magischen Worten hin. In der maurerischen Tradition wird dieses Wort als der mit e – o – a vokalisierte Gottesname in der Form Je-ho-va wiedergegeben, also dreisilbig. Der von den Hebräern niedergeschriebene Name ihres Gottes lautet „*Jahweh*". Von ihm wurden, gemäß der hebräischen Schreibweise ohne Vokale, nur die Konsonanten Jod - Het - Waw - Het (JHWH) aufgeschrieben. Der Name galt als unaussprechlich, er durfte gar nicht ausgesprochen werden. Jedesmal, wenn bei der Vorlesung von Bibeltexten diese vier Buchstaben auftauchten, lasen die Alten das Ersatzwort „*Adonai*", wobei das erste A fast wie E gesprochen wurde. Als man im Mittelalter daranging, die im ursprünglichen hebräischen Text fehlenden Vokale

durch eigene Zeichen zu ergänzen, fügte man in die drei Lücken zwischen den vier Konsonanten J-H-W-H die drei ersten Selbstlaute des gelesenen Wortes Adonai ein: das wie E gesprochene erst A, das O als zweites Zeichen und das rein gesprochene zweite A als drittes. So entstand die Leseform Je-Ho-Wa-H, woraus Jehova wurde.
Fassen wir zusammen, so handelt es sich bei dem „*verlorenen Wort*" also nicht um den Verlust des Wortes selbst, sondern um den Verlust der Kenntnis der richtigen Aussprache des Namens Gottes. Der „*wahre Name Gottes*" ging verloren.
Innerhalb der Symbolwelt der Freimaurerei wird dem Komplex „*Wort*" - „*Erkennungs- und Paßwort*" - „*Meisterwort*" eine hohe Bedeutung eingeräumt. Es hat dies traditionellen Charakter und ist Teil der symbolisch-esoterischen Lehre.
Sowie der Lehrling durch die Kenntnis des Wortes J.... an der linken Säule und der Geselle durch die Kenntnis des Wortes B.... an der rechten Säule seinen Lohn empfängt, so kann auch der Meister durch die Nennung des Meisterwortes Meisterlohn erhalten. Die Symbolik des Meisterwortes geht aber weiter. HIRAM verstand es, über die Massen zu gebieten; er verfügte über Autorität und Ausstrahlungskraft. Er besaß das Wort, das ihm diese Kraft verlieh. Und so wird verständlich, daß es sich um das Gottes-Namen-Wort gehandelt hat.
Das Motiv des „*verlorenen Wortes*" bedeutet die verlorene Kenntnis eines Höheren, eines Über-Menschlichen. Selbst wenn einmal dieses Wort gefunden wäre – dürfte man es dann aussprechen?

Kehren wir noch einmal zu den im Ritus gebräuchlichen Worten der Freimaurerei zurück. Inwieweit die heute üblichen „Worte" aus alten, verbalen Bauhütten-Erkennungszeichen hervorgegangen sind, ist nicht mehr feststellbar. Ob tatsächlich Erkennungsworte in der Werkmaurerei verwendet wurden, ist fraglich; sie konnten kaum einheitlich sein, denn eine schriftliche Fixierung wäre aus Gründen der Geheimhaltung unmöglich gewesen und die rein mündliche Überlieferung hätte reichlich zu Verballhornungen und Mißverständnissen geführt. Die Worte der spekulativen Maurerei sind einheitlich definiert und durch zahlreiche Enthüllungsschriften allgemein bekanntgemacht worden. Ihr Wert als „legitimierende Parole" ist nur virtuell und rituell. „*Zeichen, Wort und Griff*" sind längst keine Geheimnisse mehr, wohl aber für jeden von uns „*die besonderen Umstände seiner Aufnahme bzw. Erhebung*".

3. EXKURS ÜBER DIE WORTMAGIE

Der komplexen Symbolik des „verlorenen Meisterwortes" ist leichter näherzukommen, wenn man die geistesgeschichtliche Bedeutung der Wortmagie betrachtet. Die Bedeutsamkeit eines Wortes erkennt man etwa an der vermeintlichen Kraft der Zauberworte, wodurch man Macht über angerufene Dämonen und Geister erhält. Ein solcher Zauber war dann besonders wirksam, wenn dieser direkt in der Sprache des Angerufenen verwendet wurde.

Hinter dem Ganzen steckt die Gedankenverbindung: Kenntnis und Gebrauch eines bestimmten geheimen Wortes verleihen Macht! Solche Vorstellungen sind in vielen Kult- und Mysterienbünden enthalten. Dämonen, Engel, Gottheiten und übernatürliche Wesen aller Art müssen reagieren, meist sogar gehorchen, wenn sie in der rechten Art – mit ihrem geheimen Namen – angesprochen werden. Nur wer diese Worte und Namen kennt, vermag mit solchen Wesen zu kommunizieren. Es ist zu beachten: dies stellt nicht eine religiöse, sondern eine magische Grundhaltung dar. Lediglich der Name ist von entscheidender Bedeutung; es ist sicherlich kein Zufall, daß sich im Lateinischen *„nomen"* gleich Namen und *„numen"* gleich Gottheit nur durch einen Buchstaben unterschieden sind.

Grundsätzlich Verschiedenes ist voneinander zu trennen. Wortmagie beinhaltet die Macht des ausgesprochenen Wortes, Beschwörungsmagie ist eine Anrufung zwingenden Charakters. Beides wird immer laut rufend gefordert.

Dagegen gibt es keine Gebetsmagie, denn ein Gebet ist nichts aktivdominierendes, sondern das Sichunterwerfen einer menschlichen Bitte unter den göttlichen Willen. Der Einzelne betet häufig still. Es ist daher nur ein scheinbares Paradoxon, wenn man sich an einen unsichtbaren Gott wendet, indem man schweigend mit ihm spricht. Der jüdische Ein-Gott-Glaube an einen allmächtigen, allwissenden Schöpfer besaß eine Eigenartigkeit. Dieser Ein-und-Alles-Gott durfte und konnte natürlich nicht magisch beschworen werden, sondern nur das unterwürfige Gebet war eine standesgemäße Annäherung. Wer aber den geheimen Namen wußte, konnte direkt mit ihm verkehren, auf einer adäquaten Stufe stehend; deshalb wurde der Name Gottes auch nicht niedergeschrieben, sondern umschrieben. Da der Name die Person [1] ausdrückt, ist er mit ihr gleichbedeutend, d. h. ebenso machtvoll und mit derselben Ehrfurcht zu behandeln. Den Namen Gottes aussprechen hieße, Macht über Gott selbst haben zu wollen; dies würde aber als Gotteslästerung empfunden.

Exodus 20, 7: *„Du sollst den Namen des Herrn, deines Gottes, nicht mißbrauchen; denn der Herr läßt den nicht ungestraft, der seinen Namen mißbraucht."*
Wenn daher die biblischen Schriftsteller es wagten, den Namen zu nennen, hinter dem Gott selbst steht, taten sie es voll religiöser Ehrfurcht oder verwendeten andere Bezeichnungen.
Jahweh: dies ist ein Kunstwort, wobei der Bibeltext das Tetragramm J-H-W-H (Jod-Het-Waw-Het) buchstabiert. Da nur diese Konsonanten geschrieben wurden, ist das ursprüngliche Klangbild nicht exakt wiederzugeben. Es ist nahezu sicher, daß man das Wort Jahweh aussprechen muß, aber auch Jahwah, Jehovah oder Jahuah wären möglich.
Derjenige, der diesen Gottesnahmen richtig aussprach, soll Himmel und Erde erschüttern und unbegrenzte Macht erlangen können. Die richtige Aussprache sollen nach jüdischer Überlieferung nur Moses, Enoch und Jakob beherrscht haben. Nach freimaurerischen Tradition wußten dies nur Salomo und HIRAM (nach einigen Versionen auch König Hiram von Tyrus, was aber religionsgeschichtlich überhaupt nicht paßt).
Die genaue Erklärung des Wortes ist nicht sicher, da es sich um ein Kunstwort handelt. Meist wird angenommen, daß Jahweh mit der 3. Person Gegenwart des Zeitwortes *„eintreten = werden"* zusammenhängt.
Die Unsicherheit spiegelt sich in verschiedenen Übersetzungen der berühmten Stelle Exodus 3, 14 - 15, wo Gott aus dem brennenden Dornbusch zu Mose spricht und seinen Namen nennt.

Einheitsübersetzung:
„Da antwortete Gott dem Mose: Ich bin der „Ich-bin-da" [2] *und er fuhr fort: So sollst du zu den Israeliten sagen: Der „Ich-bin-da" hat mich zu euch gesandt. Weiter sprach Gott zu Mose: So sag zu den Israeliten: Jahweh, der Gott eurer Väter, der Gott Abrahams, der Gott Isaaks und der Gott Jakobs, hat mich zu euch gesandt. Das ist mein Name für immer, und so wird man mich nennen in allen Generationen."*

Martin Luther:
„Gott sprach zu Mose: Ich werde sein, der ich sein werde ...."

Vulgata:
„Dixit Deus ad Moysen: Ego sum qui sum ..." (Ich bin, der ich bin).

Adonai: dieser Gottesname ist der Pluralis majestaticus des Wortes „*Adon*", der Herr. Ab dem 3. Jahrhundert v. Chr. wurde bei der Bibellesung die Gottesbezeichnung JHWH durch Adonai ersetzt. Um den Lesern anzuzeigen, daß „*der Name*" durch den anderen ersetzt werden müsse, wurden die Vokalzeichen des Wortes Adonai (zu sprechen als E, O, A) unter die Konsonanten des Tetragramms gesetzt. Spätere Interpreten glaubten dann, man müsse die Buchstaben JHWH und EOA zusammenlesen und so entstand die Aussprache „*Jehowah*", die nichts anderes als ein Mißverständnis ist.

Elohim: dies ist der Pluralis majestaticus bzw. die Intensivierung des Wortes „*Eloah*", die wortgetreue Übersetzung müßte deshalb „*Götter*" lauten. Elohim ist der erste Gottesbegriff der Schöpfungsgeschichte, die Bezeichnung der Schöpfungsmacht. Ähnlich ist das arabische "*ilah*", wovon sich „*al-ilah*" und dann „*Allah*" ableitete.

Die Vielzahl der Namen Gottes und die Suche nach dem richtigen Wort beflügelte die magisch-zauberhaften Vorstellungen. Besonders in der Kabbala ist an die 72 Namen Gottes ein besonderer Wortaberglaube gebunden. Der unaussprechliche Gottesname wurde dem Volke Israel zwar nie offenbart, findet sich jedoch nach kabbalistischer Überzeugung verschleiert im Pentateuch (Die fünf Bücher des Mose) genannt.

Verschiedene Hochgradrituale haben „*ineffable degrees*", unaussprechliche Grade, da in ihnen die Suche nach dem unaussprechlichen Namen behandelt wird.

Schemham(m)phorach in der Literatur auch *schem ha-mephorasch*, *Schemhamaphoras* oder *Semhammaphoras* = hebräisch: „*der Name ist gut ausgesprochen*" war ursprünglich im Judentum die Bezeichnung für den „*heiligen und unaussprechlichen Namen Gottes*" des Alten Testaments, eine Art Ersatz für das vokalisiert nicht aussprechbare Tetragramm J H V H. Nur der Hohepriester durfte ihn einmal im Jahr im Tempel aussprechen. Im hebräischen Originaltext bestehen die Verse 19 bis 21 des 14. Kapitels im 2. Buch Mose aus 72 Buchstaben. Wenn diese in einer Linie zu je drei Buchstaben untereinanderstehend zusammengefaßt geschrieben werden, ergeben sich unter Hinzufügung der Silbe „*el*" (für männlich) und „*jah*" (für weiblich) am Ende jedes dieser so entstandenen 72 Namen die Namen der 72 Engel.

Da jeder von den 72 heiligen Namen Gottes ein Engel ist, kommt man auf diese Weise zu den Gottesnamen. Derartige Zahlenspekulationen sind aus vielen Kulturkreisen bekannt.
Das Geheimnis um „Schemhamphorasch" reicht noch weit in die christliche Zeit hinein. Im 14. Jahrhundert schrieb der Karthäuser Salvagus Porchetus des Salvaticis ein Buch „Victoria adversus Hebraeos", worin er berichtet, daß nach jüdischer Auffassung Jesus von Nazareth nur ein Betrüger gewesen sei:

„Zur Zeit Halani, der Königin, kam Jhesus Ha Notzri gen Jerusalem, und fand im Tempel des Herrn den Stein, darauf vor Zeiten die Lade des Herrn gesetzt war. Auf demselbigen Stein war geschrieben: Schem Hamphoras. Wer desselben Namen Buchstaben lernte und verstand, der konnte tun, was er wollte. Es besorgten sich aber unsere (der Juden) Weisen, wo die Kinder Israel solchen Namen lernen würden, möchten sie durch desselben Kraft die Welt umkehren. Darum machten sie zween Hunde von Erz und setzten sie auf zwo Säulen vor die Tür des Heiligtums. Wenn nun jemand hineinging und lernte die Buchstaben des vorbesagten Namens, und wieder herausging, so bellten die ehernen Hunde ihn so greulich an, daß er vor großem Schrecken vergaß des Namens und der Buchstaben, die er gelernt hatte. Also kam Jhesus Ha Notzri und ging in den Tempel, lernte die Buchstaben, und schrieb sie auf ein Pergament. Darnach riß er das Fleisch auf an seinem Bein und legte die Zettel drein.
Und weil er den Namen nannte, tats ihm nicht wehe, und ging die Haut zusammen, wie sie vorhin gewest war. Als er nun aus dem Tempel ging, bellen die ehernen Hunde ihn an, daß er alsobald des Namens vergaß. Da er aber heim kam, riß er mit einem Messer das Bein auf und nahm heraus die Zettel, darauf die Buchstaben stunden des Schem hamphoras, und lernte sie wiederum. Aus solcher Kenntnis heraus hat er dann seine Wundertaten verrichtet, bis er zuletzt bezwungen wurde. Die Ältesten Israels gingen hin und ließen einen mit Namen Judas Scharioth hinein in den Tempel, in das Allerheiligste gehen; der lernte die Buchstaben Schem Hamphoras eben auf die Weise, wie Jhesus Notzri gelernt hatte, und riß das Fleisch am Bein auf und alles, was jener getan hatte ... Jhesus aber sprach: Ich will gen Himmel fahren, denn so hat David von mir gesagt: Erhebe dich, Gott, über die Himmel. Und hub die Hände auf wie Flügel, durch den Namen Schem Hamphoras, und flog zwischen Himmel und Erden. Da das die Weisen sahen, sprachen sie zu Judas Scharioth, er sollt Schem Hamphoras sagen, und ihm nach hinauffahren. Der fuhr hinaus und rang mit ihm, daß sie beide miteinander herunterfielen, und der Gottlose (Jesus) zerbrach einen Arm ..."

Hier findet sich wieder das „Schem-Hamphoras" als Zauberwort. Übrigens soll auch Moses mit diesem Wort das Meer geteilt haben.
Sowohl um eine nur vage Idee, wie auch einen ausgereiften Gedanken auszudrücken, mitzuteilen, niederzuschreiben, müssen wir

uns des Wortes als Medium bedienen. Logos = das Wort, ist somit nicht nur für das Geistige allein, sondern auch für die Umsetzung in die Tat von Bedeutung. Zwei Zitate, aus zwei der bedeutendsten Schriften der Menschheit, drängen sich ins Gedächtnis.
Evangelium nach Johannes 1, 1 - 5:
Im Anfang war das Wort, und das Wort war bei Gott, und das Wort war Gott.
Im Anfang war es bei Gott.
Alles ist durch das Wort geworden, und ohne das Wort wurde nichts, was geworden ist.

Das Wort, im Sinne des „es werde" ist die schöpferische Urkraft, der große, realisierbare Gedanke oder die Weltformel, nach der Einstein und Heisenberg vergeblich gesucht haben.
Das Wort ist die Macht, das Wort selbst ist der A. B. A. W.
In ihm war das Leben; und das Leben war das Licht der Menschen.
Und das Licht leuchtet in der Finsternis, und die Finsternis hat es nicht erfaßt.

Das Licht ist Erhellung der physischen Realität, das Licht ist Kenntnis und Erkenntnis, das Licht ist vor allem innere Erleuchtung. Die Quelle des Lichtes ist die schöpferische Urkraft, das Wort: „*Es werde Licht*".

Auch in der Sprache der Gegenwart ist noch immer Wort = Geist mit Licht = Erleuchtung kombiniert, am schönsten in der Bedeutung „*Gedankenblitz*".
J. W. Goethe, Faust 1. Teil, Szene III; Faust versucht (obenstehenden) Anfang des Johannes-Evangeliums in sein „*geliebtes Deutsch zu übertragen*": Geschrieben steht:
Im Anfang war das WORT!
Hier stock' ich schon! Wer hilft mir weiter fort?
Ich kann das Wort so hoch unmöglich schätzen,
Ich muß es anders übersetzen,
Wenn ich vom Geiste recht erleuchtet bin.
Geschrieben steht:
Im Anfang war der SINN.
Bedenke wohl die erste Zeile,
Daß deine Feder sich nicht übereile!
Ist es der Sinn, der alles wirkt und schafft?
Es sollte stehn: Im Anfang war die KRAFT!

Doch, auch indem ich dieses niederschreibe,
Schon warnt mich was, daß ich dabei nicht bleibe.
Mir hilft der Geist! auf einmal seh' ich Rat
Und schreib getrost: Im Anfang war die TAT!

4. DIE MACHT DES NAMENS

Es ist naheliegend zu denken, daß der Gott der Bibel als mächtigstes Wort, als Schöpfungswort, sich seines eigenen Namens bediente. Er schuf die Welt dadurch, daß *„er sprach"* und *„es wurde"*. Damit wird die schöpferische Kraft des Logos erkannt.
Das Allerheiligste im salomonischen Tempel, dort wo sich die Bundeslade befand, wurde auch der *„Ort des Wortes"* genannt, da Jahwe sich dort offenbart, dort *„spricht"*.
Die Neugier liegt nahe, nachzudenken, wie wohl das große Schöpfungswort gelautet habe, mit dem die Welt ins Leben gerufen wurde. Die Vorstellung von einem Grundwort = Grundereignis, nach dem alles aus dem Einen, aus dem Unus mundus hervorgegangen ist, erinnert frappant an den Urknall der modernen Kosmologie.
Die Bedeutung eines Namens ergibt sich auch aus seiner reziproken Wertigkeit. Wir kennen das Beispiel der Auslöschung der Namenskartuschen von Echnaton sowie Hatschepsut, jeweils durch deren Nachfolger. Es erschien nämlich unmöglich, sich auf etwas zu berufen, das man nicht benennen kann: so etwas gibt es nicht (mehr), es ist ausradiert.
Wer den Teufel nannte, der rief ihn herbei – so dachte man früher und sprach stellvertretend vom *„Gottseibeiuns"* oder verfiel auf andere Ausflüchte. Beliebt war auch die symbolträchtige Wandlung eines Namens, auch wenn man dazu sprachliche Gewalt anwenden mußte. Der irrtümlich entstandene Gottesname Jehowah wurde durch die Kraft des eingesetzten Buchstabens *„schin"*, in Jehoschua verwandelt – und das ist die hebräische Form von Jesus.
Alte Märchen berichten, daß König Salomo den unaussprechlichen Gottesnamen gekannt habe und dadurch die Stimme der Tiere verstand, sowie Zauberkunststücke vollbrachte.

Salomo und der Todesengel!
Einmal saßen vor Salomo zwei seiner Schreiber, denen er ein Schriftstück diktierte. Plötzlich bemerkte er hinter ihnen den Todesengel. Der Würgeengel knirschte mit den Zähnen. Um seine Schreiber vor dem Würgegriff zu retten, sprach der König den

unaussprechlichen Namen Gottes aus und erhob dadurch die beiden Schreiber in die Luft. Da packte der Todesengel sie, und sie hauchten ihre Seelen aus.
Da sah Salomo, wie der Engel schadenfroh höhnte, und er fragte ihn nach dem Grund seines Verhaltens. „Zuerst hast du mit den Zähnen ganz bösartig geknirscht, und jetzt bist du überfroh. Was ist der Grund dieses widerspruchsvollen Verhaltens?"
Und der Todesengel antwortete: „Ich hatte vom Himmel den Auftrag bekommen, diese zwei Schreiber abzuholen. Aber Gott stellte mir die Bedingung, sie nur in der Luft zu packen. Als ich nun kam, um meinen Auftrag auszuführen, sah ich sie vor dir sitzen. Ich war schon verzweifelt. Ich wußte nicht, was ich machen sollte. Ich durfte sie doch weder beim Sitzen noch beim Stehen mit mir nehmen. Der Befehl war ausdrücklich, sie zu fassen, wenn sie in der Luft wären. Wie glücklich war ich, als dir plötzlich der Einfall kam, sie durch den 'Schem', durch den unaussprechlichen Namen Gottes, in die Lüfte zu heben. So konnte ich endlich den mir erteilten Auftrag ausführen." Diesmal hatte Salomo das Nachsehen.

Die Traditionssymbolik des *„Royal Arch"* geht noch weiter zurück. Enoch, der Urgroßvater des Noah, errichtete einen unterirdischen Tempel mit bogenförmigen Gewölben. An tiefster Stelle schrieb er in unaussprechlichen Zeichen den Namen Gottes. Bei der Zerstörung des Tempels blieb das heilige Gewölbe erhalten. Die wenigen kundigen Auserwählten zerbrachen die Tafel mit Enochs Schrift aus Furcht vor der Entdeckung. Sie buchstabierten nur noch einmal im Jahr im engsten Kreis das Wort. So aber gingen Aussprache und Schreibweise verloren und schließlich auch die wirkliche Deutung. Seither sind die Auserwählten auf der Suche nach dem Wort, welches Wesen, Größe und Macht des A. B. A. W. symbolisiert.

Das Grübeln nach verborgenen Namen der Macht führt zu Meditation und Mysterium. Die Freimaurerei der Gegenwart sucht ihre Verwirklichung nicht in Meditation oder Mysterien, sondern im Diesseits als ein lebendiger Kreis von Arbeitern an einem großen Bau, der nicht in den Wolken, sondern auf der Erde steht.
In der heutigen Zeit ist das Verständnis dafür, was einst die Kenntnis des richtigen Namens für die gläubigen Menschen bedeu-

tete, weitgehend geschwunden. Kaum noch die Kraft des Wortes, sondern die Kraft der Symbole erfüllt unseren Bund mit Energie. Wie intensiv diese Problematik die Menschheit durchdringt, mögen zwei literarische Beispiele zeigen; zunächst ein Märchen, dann eine Science-fiction story.

Jakob und Wilhelm Grimm, Kinder- und Hausmärchen, Erstausgabe 1812 - 1814.

Rumpelstilzchen
Eine arme Müllerstochter hat mit Hilfe eines gnomenhaften Dämons Stroh zu Gold versponnen. Daraufhin heiratet sie der König, denn er dachte, eine reichere Frau finde er bestimmt nicht. Das Mädchen hat aber dem Dämon als Lohn für seine Hilfe ihr erstes Kind versprochen. (Dämonenwirkung, magische Goldmacherkunst und die Forderung nach einem Menschenopfer sind hier verbunden.)
Über ein Jahr brachte sie ein schönes Kind zur Welt und dachte gar nicht mehr an das Männchen. Da trat es plötzlich in ihre Kammer und sprach: „Nun gib mir, was du versprochen hast." Die Königin erschrak und bot dem Männchen alle Reichtümer des Königsreichs an, wenn es ihr das Kind lassen wollte; aber das Männchen sprach: „Nein, etwas Lebendes ist mir lieber als alle Schätze der Welt. Da fing die Königin an zu jammern und zu weinen, so daß das Männchen Mitleiden mit ihr hatte: „Drei Tage will ich dir Zeit lassen", sprach es, „wenn du bis dahin meinen Namen weißt, so sollst du dein Kind behalten."
Nun besann sich die Königin die ganze Nacht über auf alle Namen, die sie jemals gehört hatte, und schickte einen Boten über Land, der sollte sich erkundigen weit und breit, was es sonst noch für Namen gäbe. Als am anderen Tag das Männchen kam, fing sie an mit Kaspar, Melchior, Balzer und sagte alle Namen, die sie wußte, der Reihe nach her, aber bei jedem sprach das Männlein: „So heiß ich nicht." Den zweiten Tag ließ sie in der Nachbarschaft herumfragen, wie die Leute da genannt würden, und sagte dem Männlein die ungewöhnlichsten und seltsamsten Namen vor: „Heißt du vielleicht Rippenbiest oder Hammelswade oder Schürfbein?" Aber er antwortete immer: „So heiß ich nicht." Den dritten Tag kam der Bote wieder zurück und erzählte: „Neue Namen habe ich keinen einzigen finden können, aber wie ich an einem hohen Berg um die Waldecke kam, wo Fuchs und Has' sich gute Nacht sagen, sah ich ein kleines Haus, und vor dem Haus brannte ein Feuer, und um das Feuer sprang ein gar zu lächerliches Männchen, hüpfte auf einem Bein und schrie:

> „Heute back' ich, morgen brau' ich,
> Übermorgen hol ich der Königin ihr Kind;
> Ach, wie gut, daß niemand weiß,
> daß ich Rumpelstilzchen heiß!"
> Da könnt ihr denken, wie die Königin froh war, als sie den Namen hörte, und als bald hernach das Männlein hereintrat und fragte: „Nun, Frau Königin, wie heiß ich? fragte sie erst: „Heißest du Kunz? – „Nein." – „Heißest du Heinz?" – „Nein."
> „Heißt du etwa Rumpelstilzchen?"
> „Das hat dir der Teufel gesagt, das hat dir der Teufel gesagt!" schrie das Männlein und stieß mit dem rechten Fuß vor Zorn so tief in die Erde, daß es bis an den Leib hineinfuhr, dann packte es in seiner Wut den linken Fuß mit beiden Händen und riß sich selbst mitten entzwei.

Arthur C. Clarke, Die neun Milliarden Namen Gottes

In dieser Novelle handelt es sich darum, daß eine tibetische Lamasekte es sich zum Ziel gesetzt hat, alle nur möglichen Gottesnamen durch Permutation der Laute aufzuschreiben. *„All die vielen Namen des Allerhöchsten – Gott, Jehova, Allah usw. – sind nur von Menschen erfundene Bezeichnungen ... aber irgendwo unter allen möglichen Buchstabenkombinationen verbergen sich, was man die wirklichen Namen Gottes nennen kann."* Die Lamas verpflichten zur Lösung dieser Aufgabe, die das Schicksal der irdischen Welt erfüllen und die endgültige Aufgabe des Menschen lösen soll, einige Computerfachleute, eine dafür geeignete Anlage im Kloster zu installieren. Dieses „*Modell V*" spuckt Quadratkilometer von Papierbögen aus, bedeckt mit sinnlosen Wörtern, die von den Mönchen sorgfältig zerschnitten und in riesige Bücher geklebt werden. Die westlichen Fachleute dieses „*Projekts Shangri La*" haben Mitleid mit den Lamas, die sich mit einer so irrsinnigen Arbeit befassen. Überdies fürchten sie die Enttäuschung ihrer Auftraggeber, wenn das Computerprogramm ausgelaufen ist und die „*Posaunen des Gerichts*" nicht erschollen sind. Um Auseinandersetzungen mit den Mönchen aus dem Weg zu gehen, machen sich die Computermänner vorzeitig aus dem Staub, um bald ihr wartendes Flugzeug zu erreichen, das sie heimbringen soll; ein Uhrenvergleich zeigt, daß inzwischen die Anlage im Kloster ihre Arbeit bald vollendet haben müßte. Einer von ihnen hebt die Augen zum Himmel und flüstert: *Schau ...*
Alles geschieht irgendwann zum letztenmal.
Über ihnen erloschen still die Sterne.

5. DAS NEUE MEISTERWORT

Mit dem Tode HIRAMs war das alte Meisterwort verloren. Es hatte nicht nur die Bedeutung eines Erkennungssymbols, sondern verkörperte vor allem die Kraft, alle Eingeweihten zu Brüdern zu machen. In diesem Sinne ist die Suche nach dem verlorenen Wort berechtigt. Es muß erlebt und gelebt werden. Denn wenn etwas verloren wurde, so war es einmal da; und wenn es gut und segensreich war, ist es unsere Aufgabe, es wieder zu finden.
Das Wort allein bewirkt aber in der rauhen und realen Gegenwart nichts. Gute Worte allein verändern und verbessern nichts, nur die Tat ist wirkungsvoll. Die Tat allein kann es schaffen, daß sich die Menschheit ihrer Gemeinschaft bewußt wird, vor allem ihres höchsten menschlichen Phänomens, der Humanität. Humanität des Einzelmenschen ist sinnlos, Humanität wird bewirkt mit Geben und Empfangen, ist daher ein nur in Gemeinschaft mögliches Unterfangen.
Das verlorene Wort, auch wenn es gefunden würde, könnte so etwas nicht leisten. Nur durch das Handeln können wir unsere Humanität üben. Und dazu ist auch das neue Meisterwort real nicht imstande. Die Kraft des Wortes kann in unserer veräußerlichten Lebensweise kaum mehr helfen. Geeint durch die Kenntnis des Wortes können, sollen und müssen wir es aber versuchen. Den Weg muß aber jeder für sich allein gehen.

In beträchtliche Schwierigkeiten kommen wir bei der Beantwortung der Frage:
Was bedeutet das neue Meisterwort?
Die angeblich älteste Form des Meisterwortes im altenglischen Ritual war *„Mahabone"* und wurde gedeutet: *„Bis auf den Knochen verfault."* Zu dieser Interpretation hat wohl der Gleichklang des zweiten Wortteiles mit dem englischen *„bone = Knochen"* Anlaß gegeben.
Eine andere Deutung für *„Mahabone"* findet man im französischen Ritus III. *Maha = austilgen, bana = bauen,* also im freimarerischer Symbolik: Wiederkehr des Lebens nach dem Tode.

Im Sloane-Manuskript 3329 aus dem Jahre 1700 lautet das Wort je nach Lesart *„Mahabyn"* oder *„Maharyn":*
„Ein anderes haben sie das Meisterwort genannt und (dasselbe) *ist Maharyn, welches immer in zwei Worte geteilt wird .... Und in*

dieser Stellung stehen sie, bis sie einander ins Ohr flüstern, der eine Maha, der andere erwidert Ryn."

Dem Trinity College Manuskript, Dublin 1711, ist die Bezeichnung *„Matshpin"* zu entnehmen.
In einem Katechismus aus 1723, betitelt *„A Mason's Examination"*, lautet das Wort *„Maughbin"*.
Mit Sicherheit sind dies alles Verstümmelungen und undeutlich aus dem Gedächtnis niedergeschriebene Bezeichnungen.
Samuel Prichard schreibt in seiner genauen Wiedergabe des Rituals 1730: *„Macbenah"*, welches bedeutet: *„Der Baumeister ist erschlagen."* Damit war erstmals das Wort in der annähernd auch heute noch gebräuchlichen Diktion publiziert. Und sofort begannen die Interpretationsversuche und eine manchmal sehr gewalttätige sprachliche Zuordnung. Denn, um es gleich zu sagen, mit an Sicherheit grenzender Wahrscheinlichkeit handelt es sich um ein Kunstwort, dem nur verschiedene Bedeutungen unterlegt wurden.

Orden der Ritter und Brüder des Lichts (1782 - 1791):
„Mack heißt Putrefaction, welches nämlich die erste Ausrufung, das Erstaunen war; und das zweite, benach, heißt im Scheine, nämlich: es steiget bereits im Geiste empor; und das war der zweite Anblick und der zweite Ausruf des Erstaunens, daher wird das Mstr. Wort auch getheilt ausgesprochen".

Manche führen es auf altirische Worte zurück:
„Macha" = Schlachtfeld und *„bon"* das Ende eines Dinges, also: *„des Kampfes Ende"*;
andererseits soll es auf die irischen Worte *„Mac"* = Sohn und *„bena"* = tot zurückzuführen sein und würde dann *„der Sohn der Toten"* bedeuten.
Aus dem Schottischen kommt die Ableitung:
„Mac" = Sohn und *„beanag, banag"* = Frauchen, Witwe, also *„Sohn der Witwe"*.

Ableitungen aus dem Hebräischen versuchen folgenden Zusammenhang zu konstruieren:
„Mukhabone" oder *„mukkah bone"* soll bedeuten, *„der Baumeister (oder ein Bauender) ist erschlagen"*.
Andere postulieren eine Zusammensetzung aus den Anfangsbuchstaben von fünf Wörtern – M K b n k – und lesen mit entsprechend

eingesetzten Vokalen: *"Der Tod ist das Ende des Fleisches, die Seele wird ewig bestehen."*
In einer arabischen Auslegung wird argumentiert:
"Ben" heißt Sohn, *"Benak"* kann mit *"Dein Sohn"* gedeutet werden und *"Mac-Ben-ak"* folglich als *"Mit Dir ist Dein Sohn"*. Dieser Ausdruck ist beim Tod des Vaters gebräuchlich. Der Sohn, der diese Worte ausruft, ist bereit, den Platz des Vaters einzunehmen. Diese Interpretation ist sehr symbolträchtig, wenn man heraushört, daß wir all unser Wissen, unser Können und unsere maurerische Kraft von einem verstorbenen Bruder Meister übernommen haben und dereinst an einen Bruder Meister weitergeben werden.

Rein auf die Ritualistik bezogen sind die Bedeutungsgebungen:
"Das Fleisch löst sich vom Knochen"
"Der Körper ist verwest"
"Der Sohn des toten Meisters"
"Er lebt im Sohne"
Zum Abschluß muß noch daraufhingewiesen werden, daß es einen in diesem Zusammenhang interessanten Bibelvers (1. Chronik 2, 49) gibt. Darin wird die Genealogie des Stammes Juda aufgelistet, von Jakob bis Salomo und darüberhinaus. In dieser Aufzählung von Namen lesen wir:
"Sie (Maacha, eine Nebenfrau Kalebs) *gebar auch Schaaf, den Vater des Madmannas sowie Schewa, den Vater Machbenas und Gibeas"*.
Diese Textstelle muß unkommentiert gelassen werden, man kann keine Verbindung zum Meisterwort heraushören.
Die Lehrgespräche III des Katechismus der Meister nach dem Ritual der A. F. u. A. M. v. D. bieten das einzige akzeptable Ergebnis.
"Was bedeutet das neue Meisterwort?"
"Es bleibt ein Geheimnis."

6. EIN DRITTES SYMBOL: DAS FLEISCH LÖST SICH VOM KNOCHEN

Bei den rituellen Wiedererweckungsversuchen an Noah (siehe Seite 73) und später mit HIRAM handelt es sich um echte Magie.
Die Ausgrabung einer Leiche, um das verlorene Geheimnis, welches mit dem Toten ins Grab gesunken war, wiederzuerlangen, ist klar ein Akt der Nekromantie. [3]
Es ist durchaus denkbar, daß in der Frühzeit der Freimaurerei sowohl die Geschichte von Noah, als auch eine Vorform der HIRAM-

Erzählung benutzt wurden, um das Wort zu erklären. Mit der Hinwendung zur Aufkärung hat wohl die HIRAM-Geschichte den Vorrang erhalten; dies deshalb, da Noah kaum, HIRAM dagegen ohne Mühe zum Baumeister gemacht werden konnte. Es war nicht schwer, ihn als Vorbild pflichtgetreuen Handelns sterben und wiederaufleben zu lassen.
Nekromantie war im Pentateuch = Tora [4] verboten.
Deuteronomium 18, 10 - 12: *„Es soll bei dir keinen geben, der ... Totengeister befragt.... keinen, der Verstorbene um Rat fragt. Denn jeder, der so etwas tut, ist dem Herrn ein Greuel."*
Fleisch und Knochen sind dagegen schon in der Schöpfungsgeschichte bedeutsame Begriffe. Da man keine Blutsverwandtschaft kannte, findet sich immer die Redensart *„ein Bein und ein Fleisch"*.

Als die Leute, welche den Leichnam des ermordeten HIRAM aus dem Erdhaufen emporhoben, sahen, daß sich das verwesende Fleisch von den Knochen löste, so bedeutete dies vor allem die nicht völlige Zunichtewerdung des Toten, ein Erhaltenbleiben des Seelengerüstes, des Keimes für den Auferstehungsleib.
Die Seelenvorstellung wurde ja mit dem Gedanken an die Unvergänglichkeit der Knochen in Zusammenhang gebracht. Diese magische Bedeutung der Menschenknochen ist seit ältester Zeit überliefert. Knochen, besonders ihr Mark, waren der Sitz der Kraft oder sogar der Seele.
Bei vielen Völkern und in verschiedenen Religionen wurde die körperliche Fortdauer nach dem Tode von der Erhaltung der Knochensubstanz abhängig gemacht. Das Sammeln der Knochen und die Wiederbelebung des Menschen ist ein gar nicht seltener Akt im Märchen; geht ein einziges Knöchelchen verloren, ist eine Wiederbelebung nicht möglich.
Wegen dieser, den Knochen innewohnenden Kraft finden sie, falls diese von Heiligen stammen, auch noch heute große Verehrung, die im Reliquienkult der Katholischen Kirche eine besondere Ausprägung erlangt. Knochen sind außerdem sehr oft zur Wahrsagung verwendet worden.
Man stellte sich vor, nach der Verwesung des Fleisches bildeten die Knochen eine Art Residualstruktur bzw. einen Kristallisationskeim für die Auferstehung des Fleisches. Deshalb wurde ja auch gebetet, die Knochen von Glaubensfeinden oder Häretikern sollten *„Luft werden"*.
Sogar die berüchtigte Mathilde Ludendorff [5] gab dazu ihre Meinung

ab: „*Die abergläubische Tilgung der Spur der Gebeine eines von der jüdischen Geheimorganisation Gemordeten ist immer die verräterischste Spur des Mordes. ... ganz so, wie es in den Freimaurereiden ausgesprochen wird, müssen die Gebeine spurlos verschwinden. Ähnlich dem Aberglauben der Reliquienverehrung, der da glaubt, von den Knochen eines „Heiligen" gehe Heilkraft aus, glauben diese abergläubischen Verbrecherseelen, daß von den Gebeinen der Ermordeten „magische Kräfte" auf die Verehrer, die zum Grabe hintreten, übergehen und das Verbrechen rächen könnten."*
In Religionen, wo die Seele nicht wieder zurückkehrt, sondern etwa im Nirwana bleibt, hat die Erhaltung des Leichnams keine Bedeutung – die Verbrennung und Einäscherung ist die Regel.
Eine alte Legende erzählt, daß Noah den Leichnam Adams ausgegraben, in die Arche mitgenommen und ihn so vor der Vernichtung durch die große Flut gerettet habe.
Ein typisches Beispiel für Totenmagie ist das jüdische Märchen „*Der Sarg Josephs*" (Mitrasch Devarim Rabba 11, 5):
„Auf seinem Totenbett beschwor Joseph seine Brüder und Söhne, bei dem Auszug aus Ägypten auch seine Gebeine mit ins Heilige Land zu nehmen. Als er gestorben war, legte man ihn in einen Sarg von Blei und begrub ihn in der Erde. Da wurde diese Erde sehr fruchtbar und brachte reiche und beste Ernte hervor. Sobald man dies erfuhr, öffnete man das Grab und überführte den Schrein auf ein anderes Feld. Und hier geschah dasselbe. Joseph, der zu seinen Lebzeiten das ägyptische Land vor der Hungersnot gerettet hatte, tat dies auch nach seinem Tode. Jedes Feld, auf das er gebracht wurde, verwandelte sich in fruchtbaren Boden, auch wenn es vorher nur mit Stein und Sand bedeckt war.
Um aber ganz Ägypten mit Hilfe des Sarges Josephs fruchtbar zu machen, warf man den Sarg in den Nil, damit dessen Wasser dem Lande noch mehr Fruchtbarkeit bringe als bisher. Die Ratgeber, die Pharao diesen Rat gaben, hatten damit noch eine andere hinterlistige Absicht. Sie wußten von dem Schwur der Juden, ohne Josephs Gebeine Ägypten nicht zu verlassen. Auf diese Weise wollten sie die Israeliten zwingen, ewig bei ihnen zu bleiben und Sklavenarbeit zu verrichten.
Als nun die Stunde des Auszugs aus Ägypten gekommen war, ging Moses zum Rande des Nils und rief: „Joseph, Joseph, die Zeit ist gekommen" Steige herauf, damit wir deine Gebeine ins Heilige Land führen, so wie du deine Brüder beschworen hast. Wenn du dich uns zeigst, werde ich so handeln, wie du es gewollt hast, wenn aber nicht, sind wir von dem Schwur frei!"
Als Moses geendet hatte, erhob sich aus den Tiefen des Stromes der schwere, bleierne Sarg und schwamm obenauf.
Während die Juden beim Auszug aus Ägypten auf ihren Schultern die silbernen und goldenen Geräte trugen, die sie den Ägyptern als Sold für

ihre Fronarbeit abgenommen hatten, trug Moses auf seinen Schultern den Sarg Josephs. Alle wunderten sich, daß er sich nicht um die Einsammlung seines Besitzes, sondern um die Gebeine Josephs kümmerte.
Vierzig Jahre lang wurde der Sarg Josephs durch die Wüste getragen, bis er in der Stadt Sichem beigesetzt wurde."

7. DAS SYMBOL DER AKAZIE

Es ist ein sehr alter Wiedererweckungsritus der Menschheit, über bzw. neben einem Grabe einen Baum oder Strauch zu pflanzen. Die Vorstellung ist, daß die Seele in den Baum eingeschleust wird, mit demselben in die Höhe wächst und sobald jemand den Baum schneidet oder auch nur berührt, in diese Person übertritt. Dies stellt den Weg eines Übertragungsmodus in ein neues Leben dar.
Im Orient ersetzt die Akazie die Stelle des Immergrüns auf unseren Friedhöfen und wird daher gerne auf Gräbern als Zeichen der Unvergänglichkeit angepflanzt. Die Akazie gilt wegen ihres harten und dauerhaften Holzes als ein Symbol der Überwindung des Todes. Da der getötete HIRAM in jedem neuen Meister fortlebt, deutet gerade der Akazienzweig das den Tod überdauernde Grünen der Idee an.
Der botanische Streit zwischen Acacia und Cassia ist überflüssig, die Kassiaakazie ist eine Art der Gattung Acacia.
Der sprachgeschichtliche Zwist, warum in verschiedenen Ritualen einmal Acacia und zum anderen Cassia verwendet wurde, scheint schlicht darauf zurückzugehen, daß im Französischen mit *„cassia"* bzw. *„cassier"* der Akazienbaum gemeint ist. [6] In der Freimaurerei ist die Akazie ein symbolisch immergrüner Baum; tatsächlich lassen die Akazien ihr Blätterwerk fallen, um erst in der folgenden Frühlingsperiode oder nach der nächsten Regenzeit wieder auszutreiben. Die Schlußfolgerung, die Akazie sei ein allzeit grüner Baum, deswegen der *„Baum des Lebens"* und damit Sinnbild der Unsterblichkeit, beruht auf einer falschen Voraussetzung.
Es stimmt zwar, daß die Akazie Dornen trägt, der Vergleich mit der Dornenkrone von Jesus ist aber auf die langdauernden Bemühungen zurückzuführen, möglichst viele christliche Elemente in der Freimaurerei erkennen zu müssen.
Interessant ist, und daher sei noch ausdrücklich darauf hingewiesen, daß in der ritualmäßigen HIRAM-Erzählung zwei Varianten existieren. Einmal wird der Akazienzweig von den suchenden Meistern als Wiederauffindungsmerkmal bei der Entdeckung des Erdhügels, unter dem HIRAM liegt, verwendet.

Die andere Version lautet, die drei Mörder hätten an der Vergrabungsstelle einen Dornenstrauch gepflanzt, und die Sucher fanden dann eine blühende Akazie.
Jedenfalls berühren sich in der maurerischen Symbolik die Pflanze Akazie und der Meister HIRAM eng. Der Baum bezeichnet die sich ewig verjüngende Naturkraft, den stets wiedererstehenden Frühling; HIRAM symbolisiert die Unsterblichkeit der Idee der Freimaurerei.
Jeder, der die Gabe hat zu erkennen, wird berührt sein, wenn er überdenkt, daß dann, als die Akazie über dem Grab HIRAMs wieder blühte, der vermißte Meister aufgefunden und ein neues Wort ausgesprochen wurde.

Die Akazie ist in der Freimaurerei auch das Symbol des Todes. Sterbeanzeigen und Trauerlogen werden damit verziert und dem Bestatteten legt man die Zweige ins Grab.
Wir sollten um die Akazie kein großes Geheimnis vermuten, sondern sie als Symbol des neuerstehenden Lebens, ja vielleicht sogar als Hinweis auf den Baum der Erkenntnis auffassen.

8. DAS SYMBOL "SOHN DER WITWE"

Auf den ersten Blick könnte man meinen, die Freimaurer-Meister nennen sich *"Söhne der Witwe"* weil in der entsprechenden Bibelstelle 1. Könige 7, 14 über HIRAM geschrieben steht „*dieser war der Sohn einer Witwe*". Es wäre erstaunlich, wenn dieser Nebensatz für sich allein zu so großer Bedeutung kommen sollte.
Tatsächlich taucht das Symbol vom Sohn einer Witwe weitverbreitet in Mythen, Sagen und Religionen auf.
Dazu nur einige Beispiele. Jeweils als Sohn einer Wite wurden bezeichnet:
Tam(m)uz = Dumuzi, Gemahl der Ischtar, als sumerisch-babylonischer Vegetationsgott verehrt.
Horus, der Sohn der Isis, den diese erst posthum vom getöteten Osiris empfangen hat.
Mani, [7] der Begründer der Sekte des Manichäismus, wurde selbst als Witwensohn angesehen, vor allem sprach er aber in seiner Lehre immer wieder von dem
„Gekreuzigten Messias, dem Sohn der armen Witwe, den die Juden kreuzigten." Das Witwe-Sohn-Motiv wurde immer wieder auf Maria-Jesus angewandt, da man ja mit der Erklärung der Vaterschaft Schwierigkeiten hatte.

Perceval, blieb nach dem Tod des Vaters und seiner beiden Brüder der „ganze Trost und ein ganzes Gut" der verwitweten Mutter.

Für die Entstehung dieses wichtigen freimaurerischen Symbols werden aber auch ganz andere Quellen angegeben.
In Schottischen Hochgradsystemen gilt der Templerorden als „Witwe", HIRAM als der hingerichtete letzte Großmeister der Tempelritter Jacques de Molay (gest. 1314) und die Freimaurer sind die „Söhne der Witwe".
In der stuartisch-jakobitischen Version über einen politischen Ursprung der Freimaurerei (siehe Seite 67) werden die Anhänger des hingerichteten Stuart-Königs Karl I. (gest. 1649), bezogen auf dessen Witwe Henriette von Frankreich, als „Kinder der Witwe" angesprochen.

Eine gänzlich andere Interpretation findet sich im Altfranzösischen Ritual:
„Warum sagt Ihr: Kinder der Witwe?"
„Weil die Freimaurer sich Hirams Witwe nach seinem Tode annahmen und sich ihre Kinder nannten."
Wir sollten aber doch den klassischen Instruktionen folgen und die Bezeichnung „Sohn der Witwe" als altes Mysterienerbe bewahren.
„Warum nennen sich die Meister-Maurer auch die „Söhne der Witwe?"
„Nach der Lengede ist HIRAM der Sohn einer Witwe aus dem Stamme Naftali. Daher nennen sich die Meister-Maurer auch „Söhne der Witwe", denn sie haben das Schicksal HIRAMs durchlitten."
„In alten Mysterienbünden war es bereits üblich, die Mysten als „Söhne der Witwe" zu bezeichnen. Das beruht darauf, daß der Myste zwar von einem Menschenweibe geboren wurde, doch als der Vater wurde der göttliche Geist angesehen, der leibliche Vater trat hinter diesen Gedanken zurück."

Anmerkungen:

(1) In den frühen Kulturen drückt der Name jeweils Wesen und Eigenschaften von Personen und Gegenständen aus. Persona (lat.) bedeutete „Persönlichkeit" und leitet sich von perzonare = verkleiden ab. So steht auch sehr wahrscheinlich der dem ersten Menschen

gegebene Name „*Adam*" mit dem hebräischen „*Adamah*" = Erde in Verbindung.

(2) Die Formulierung. Ich bin der „*Ich-bin-da*" ist zwar grammatikalisch etwas extravagant, verstärkt jedoch die Kraft der doppelten Aussage des persönlichen Seins, des Geheimnisses und der Ewigkeit.

(3) Nekro-manteia (griech.) war die Totenwahrsagerei, die Heraufbeschwörung eines Verstorbenen. Der Zweck war die Erlangung von Wissen über die Zukunft oder das Jenseits.

(4) Die 5 Bücher des Mose bildeten bei den Juden eine Einheit, die sie Tora (Gesetz) nannten.

(5) Dr. med. Mathilde Ludendorff (1877 - 1966) führte einen publizistischen Feldzug gegen die Freimaurerei (gemeinsam mit ihrem Mann, dem General Erich Ludendorff); alles Übel der Welt rühre von einer Verschwörung der Juden, Jesuiten und Freimaurer her!

(6) Es erscheint zumindest bemerkenswert, daß arabisch „*cassia*" Vollendung, Tod bedeutet.

(7) Er lebte etwa 215 - 275 n. Chr.

XI. DER URSPRUNG DES MEISTERGRADES

Die Frage nach den Entstehungsumständen der graduellen Gliederung der Freimaurerei ist nicht eindeutig zu beantworten. Die Johannis-Maurer haben seit über 250 Jahren drei Grade, doch war dies in den Anfängen nicht immer und überall so. Aus der Frühgeschichte der heutigen Freimaurerei wissen wir eindeutig deren Abstammung von der kritischen Werkmaurerei, und zwar über die Besonderheit der *„Angenommenen Maurer"*, der *„Accepted Masons"*. Damit war der Weg von Nicht-Bauleuten in die bislang operativ tätigen Bauhütten offen.

Aber erst durch die Schaffung einer Dachorganisation und eines einheitlichen Systems konnte die Einheit der Gradfrage verwirklicht werden. Vor der Gründung der ersten Großloge in London 1717 waren die einzelnen Logen weitgehend rituell autonom; es gab solche, die nur einen Grad, den des ausgelernten, vollberechtigten Mitgliedes, des Arbeitsgenossen = Fellow kannten, und andere, die zwei Grade führten, d. h. dazu noch den *„Entered Apprentice"* = eingetragenen Lehrling. Diesbezüglich wichtig waren die Unterschiede zwischen England und Schottland. Die Bauhandwerker in Schottland organisierten sich in *„lodges"* = Logen, in England in *„societies"* = Gesellschaften, *„companies"* = Genossenschaften und *„mysteries"* [1] = Gewerbevereinigungen.

Gewöhnliche Lehrlinge gehörten ursprünglich nicht zu den Korporationen der Bauleute, sie hatten lediglich einen Lehrvertrag mit ihrem Lehrmeister. Dieser konnte wiederum Fellow oder Master sein. Hier ist zunächst sprachlich Ordnung zu schaffen. Fellow bedeutet Genosse, Kollege, d. h. Mitglied einer Gemeinschaft. Im Universitätsleben bezeichnet man damit sogar einen akademischen Grad oder die Mitgliedschaft in einer wissenschaftlichen Gesellschaft.

Im freimaurerischen Sinn hatte Fellow eine Doppelbedeutung. Ursprünglich war ein Fellow das Mitglied der Craft, d. h. der Gilde, Innung, Zunft oder, wenn man will, Gewerkschaft. Ehe man Fellow, d. h. Mitglied werden konnte, mußte man Master sein. Master bedeutet den Befähigungsgrad, Fellow die erlangte Mitgliedschaft. Erst wesentlich später erschien Fellow als Bezeichnung einer rituellen Gradstufe, im Deutschen als Gesellengrad bezeichnet. Bis in das 17. Jahrhundert gab es keinen Unterschied zwischen Gesellen und Meistern. Die ausgelernten Lehrlinge wurden von den Aufsehern der Company geprüft und – wenn gehörig geschult befunden – zu Gesellen erklärt, die später die Bewilligung erhielten, sich als Meister zu etablieren.

Der Meister der Bauhütte besaß nicht einen besonderen Grad, sondern er war nur der Inhaber des höchsten Bauhüttenamtes. Dieses Amt des Leiters einer Bauhütte, für das sich Fellow und Masters bewerben konnten, wurde *„Meister der Loge"* genannt. Es war ein administratives Amt; der Inhaber mußte freier Bürger sein und je nach dem, wer Bauherr war, unterstand er städtischer, kirchlicher oder adeliger Aufsicht. Das war aber nicht der maurerische Meistergrad. Einen solchen gab es weder in anglo-schottischen noch in deutschen Bauhütten.

Zum ersten Mal taucht der Ausdruck *„Freemason"* in einem Protokoll über eine Versammlung der städtischen Gilden von London am 9. August 1376 auf. Nach vorherrschender Meinung waren die Freemasons, also die Freimaurer, besonders qualifizierte Bauleute, die den Stein mit Schlegel und Meißel bearbeiteten – mehr wissen wir nicht, alles andere ist Spekulation.

Ein Zusammenschluß der operativen Bauleute in Logen hatte zunächst nur praktische Gründe und diente dem Zweck, organisierte Maurer aus Konkurrenzgründen von nicht-organisierten unterscheiden zu können. Da die Logenmitglieder Privilegien sozialer Art in ihren Arbeitsverträgen hatten, brauchte man Erkennungszeichen und eine Organisation, welche diese Erkennungszeichen regelte und überwachte. Das leisteten die Territorial- oder Distriktslogen, eine Dachorganisation, die von Schottland aus ihren Ursprung nahm.

Innerhalb solcher schottischer Territoriallogen entstand nun eine neue, sonst nirgends nachweisbare Statusfunktion, der *Entered Apprentice*, d. h. der eingetragene Lehrling. Was bedeutet das? Der Lehrling wurde nach absolvierter, meist siebenjähriger Lehrzeit, nicht als Vollmitglied = *Fellow* in die Loge aufgenommen, sondern blieb noch einige Zeit sogenannter eingetragener Lehrling mit eingeschränkten Rechten.

Mit dieser Verkomplizierung der Hierarchie und diesem neuen Grad entstanden nur Probleme: es galt jetzt nicht nur die organisierten Maurer von nichtorganisierten zu unterscheiden, sondern auch die *Fellows* gegen die Konkurrenz der nachstehenden, oft sehr begabten *Entered Apprentices* zu schützen.

Aus solchen inneren und äußeren Gründen kamen zur Unterscheidung verschiedene Paßworte in Gebrauch. Seit etwa 1560 wurden

für die Lehrlinge die Worte „*Jakin*" und „*Boas*" benutzt, für die Fellows dagegen „*Matchpin*" oder „*Mahabyn*". Diese Paßworte wurden gemeinsam mit Prüfungsfragen abverlangt, woraus unser Katechismus entstanden ist.
Das geheimgehaltene Wissen um die Erkennungszeichen und Worte hatte eine Schutzfunktion, nämlich den Wissenden gegen die Konkurrenz der Nichtwissenden zu schützen.
Bei der Aufnahme in eine Loge wurden den *Fellows*, wahrscheinlich auch den *Entered Apprentices*, die Fünf Punkte der Genossenschaft mitgeteilt, ohne daß diese jedoch rituell erörtert wurden. Das ist verständlich, wenn man weiß, daß die Fünf Punkte ursprünglich in den Werkbauhütten eine kurze Anleitung zur Ersten Hilfe darstellten; sie sind wahrscheinlich gelehrt und geübt worden, um Unfallverletzte sachgerecht aufheben zu können.
Zusammenfassend ist die Feststellung wichtig, daß das ursprünglich schottische „Mason-word" einen rein gewerblichen Zweck erfüllte. Die Erkennungszeichen schützten vor Werkspionage und die handwerklichen und technischen (geometrischen) Kunstgeheimnisse wurden bewahrt. Es kann nicht oft genug betont werden: die alten Werkbauhütten Großbritanniens hatten weder einen Meistergrad, noch eine HIRAM-Erzählung gekannt.
Bis in das 17. Jahrhundert gab es auch keine Rituale in unserem Sinne, denn das war gar nicht nötig und bei der Art, wie die operativen Logen arbeiteten, gab es dafür keinen Raum. Die Logen der damaligen Zeit befaßten sich hauptsächlich mit Verwaltungsangelegenheiten des Baugewerbes, hatten also überwiegend organisatorische Funktionen.
Bis in die Zeit nach Gründung der Großloge von London 1717 wurde in zwei Graden gearbeitet, und das war schottischen Ursprungs. Da Anderson in der Konstitution von 1723 die HIRAM-Erzählung und den Meistergrad nicht erwähnt, wird mit Recht angenommen, die HIRAM-Geschichte sei – zumindest in ihrer endgültigen Form – zwischen 1723 und 1730 entstanden, und zwar im Zusammenhang mit dem neu eingeführten spekulativen Meistergrad. Beides wurde 1730 in der Verräterschrift des Samuel Prichard „*Masonry dissected*" ausführlich und ritualmäßig dargestellt. Eigentlich sollten wir über diese Verräterschrift dankbar sein, denn sie stellt den Beginn der modernen Maurerei dar, weil erst dadurch Ordnung in das System kam, und die drei Grade als wesentlich herausgestellt wurden.
Die entscheidene Neuerung in der Zeit zwischen 1723 und 1730 war die Schaffung eines nicht aus der Werkmaurerei hervorgegangenen

dritten Grades. Dadurch wurde der bisherige Grad des Fellow, des Handwerksgenossen, abgewertet, was sich zum Teil noch heute im Ritual des zweiten Grades bemerkbar macht.

Viel entscheidender ist aber: Lehrling und Geselle arbeiten mit den Symbolen der Werkmaurer, den Werkzeugen der unmittelbar Tätigen, während die Symbolik des dritten Grades im Angesicht des Todes eine philosophisch-geistige Arbeit darstellt.

Wie kam aber diese geistig herausfordernde und nur philosophisch zu bewältigende Thematik in die Maurerei?

Unbeschadet der Organisation der Handwerksgenossenschaften ist dokumentarisch belegt, daß etwa ab 1620 in die „*Worshipful Company of Masons of the City of London*" auch Männer aufgenommen wurden, welche nicht im Baugewerbe tätig waren. Diese wurden *Accepted Masons = Angenommene Maurer* bezeichnet. Andere Logen schlossen sich dem an, es war ja ein erklecklicher Aufnahmebeitrag einzuzahlen, und bekannt ist die Tagebuchnotiz des Historikers, Botanikers, Physikers und Mitglieds der Royal Societiy, Elias Ashmole (1617 - 1692), worin er schreibt, am 16.10.1646 in Warrington in Lancashire zum Freimaurer gemacht worden zu sein.

Manche operativen Logen behielten allerdings ihren Charakter und gingen nicht zur spekulativen Maurerei über; sie blieben Werkmaurervereinigungen.

Trotzdem wurde durch die *Accepted Masons* vieles anders. Es entstand ein geistig ausgerichtetes Ritual, die „*Worte*" wurden ihrer ursprünglichen simplen Schutzfunktion entkleidet.

ÜBERSICHT
zur Entstehung des Meistergrades

Seit dem 14. Jahrhundert: VEREINIGUNG OPERATIVER MAURER mit nur einer Mitgliedsart = FELLOW. Praktischer Nutzen: Bewahrung der Werksgeheimnisse, Schutz vor Konkurrenz, soziale Privilegien.

Etwa ab 1560: In Schottland ERWEITERUNG DER MITGLIEDER DURCH ENTERED APPRENTICES = EINGETRAGENE LEHRLINGE. Zur Unterscheidung der 2 Mitgliedsgrade wurden Passworte geschaffen.

Etwa ab 1620: Als ACCEPTED MASONS = ANGENOMMENE MAURER wurden auch Nicht-Bauhandwerker in die Logen aufgenommen. Es entwickelte sich ein geistig orientiertes Ritual.

In keiner Werkbauhütte gab es einen Meistergrad bzw. eine HIRAM-Erzählung.
Zwischen 1723 und 1730: Gliederung in 3 rituelle Grade. In Zusammenhang mit dem SPEKULATIVEN MEISTERGRAD ist die HIRAM-Erzählung entstanden.
Die HIRAM-Erzählung wird in jeder Loge zur Grundlage der Symbolik des Meistergrades.

Wie sehen wir heute den Meistergrad? Der Meistergrad ist die logische, kontinuierliche Weiterentwicklung der beiden vorherigen Grade. Der rauhe Stein ist zum fertigen Quader geformt – dies stellt die „handwerkliche" Grundausbildung dar. Aufgabe des Meisters ist es, diesen Stein harmonisch dem Tempelbau der Humanität einzufügen. Dem Lehrling wird die Tür zu seiner eigenen Seele aufgeschlossen, dem Gesellen die Augen für die Umwelt und die Mitmenschen geöffnet; der Meister wird an die letzte Pforte geführt, an die Grenze des menschlichen Seins. Das Leitmotiv des dritten Grades heißt: „*Stirb und werde!*" Es geht um die Frage nach dem Sinn des Lebens und des Todes.

Die Dreiheit „Geburt - Leben - Tod" entspricht den drei symbolischen Graden der Maurerei. Es ist dies aber weder eine vertikale Hierarchie, denn im Augenblick der Rezeption sind wir alle Brüder, und der eine kommt ohne den anderen nicht aus, noch ist es ein linearer Ablauf einer Karriereleiter, dem profanen Menschenleben gleichzusetzen. Weit zutreffender ist der Vergleich mit einer in sich zurückkehrenden Wanderung und Wandlung – einem Zurückkehren zum Anfang, allerdings auf höherer Ebene.
Der Suchende findet in der Aufnahme in den Bund gleichsam einen Geburtsakt. Auf der Suche nach Erkenntnis und Wahrheit kann er als Lehrling zu einem neuen Leben heranwachsen. Der Geselle sollte mit dem nötigen Rüstzeug für das Leben versehen sein, um in der Gemeinschaft zu handeln; er ist der Ausführende, er setzt die Erkenntnis in handelnde Kraft um.
Der erfahrene Meister plant, leitet und lehrt; er strebt nach der Meisterschaft des Denkens und Lebens. Zwar steht er dem Tod am nächsten, spendet aber den Lehrlingen und Gesellen das Licht, damit sie als künftige Meistermaurer ihre Aufgabe erfüllen können.
Der Meister wurde aus dem Tod geboren, – erhoben -, nirgends stehen einander Geburt und Tod so nahe, wie bei der Erhebung in den dritten Grad. Wenn das Ritual der Erhebung von uns zu sterben

verlangt, um zu einem höheren Leben zu erwachen, so ist damit viel verlangt. Leider bleibt es manchen von uns versagt, während der Erhebungszeremonie das rein symbolisch Dargestellte zu überwinden und sich tatsächlich mit HIRAM zu identifizieren. Das Resultat ist dann, daß die Maurerei nur theoretisch bleibt, und der Maurer nur der Form, aber nicht dem Wesen nach ist, was er sein sollte.

Jeder neue Meister, der aus dem Grab emporgehoben wird, ist der wiedererstandene Meister des Tempelbaues.

Dem liegt die Vorstellung zugrunde, daß der Mensch keinen Zugang zu höherer Erkenntnis findet, wenn er nicht auf einer niedrigeren Stufe stirbt. J. W. Goethe hat auch in diesem Sinne gedacht, als er die berühmten Verse schrieb:

„*Und so lang du dies nicht hast,*
dieses Stirb und Werde,
bist du nur ein trüber Gast
auf der dunklen Erde".
(Westöstlicher Divan, 1819)

Mit der Annahme der Wiedergeburt, d. h. daß im Sohn der Vater wiederverkörpert werde, wird das kontinuierliche Fortbestehen des Bundes, die Tradition der Verantwortlichkeit, erklärt: „*Er lebt im Sohne!*"

Selbstverständlich überträgt sich der Vater nicht als Individuum auf den Sohn, sondern es ist die Summe seiner Gedanken, Erfahrungen und Fähigkeiten, die ihn ausgezeichnet haben.

Ist der Maurer mit der profanen Realität des Todes eines Bruders konfrontiert, so helfen Symbol und Ritual weiter. Wir sprechen davon, daß der Verstorbene zu Höherer Arbeit berufen worden sei. Er hat nur die irdischen Werkzeuge aus der Hand gelegt, die Energie wirkt weiter, welche er dem großen Werk gewidmet hat. Und diese Energie überträgt sich auf uns. Was nach dem Tode weiterexistiert, ist vor allem die Erinnerung der Überlebenden an den Verstorbenen, an HIRAM, an die i. d. e. O. vorangegangenen Brüder und einmal auch an uns.

Ein ehrbares und beispielhaftes Andenken zu hinterlassen, ist die Frucht des Bemühens, der Arbeit am rauhen Stein; und diese Arbeit ist ja auch nichts anderes als die Kunst, das Leben im Dienste der Gemeinschaft zu meistern. Dies ist freilich die höchste Kunst – die königliche Kunst.

Kann es einen Meistergrad im Sinne HIRAMs – des absolut Wissenden und Könnenden – überhaupt geben? Sind wir nicht alle

Suchende geblieben? Wir arbeiten weiter am rauhen Stein, und unsere Reisen haben noch kein Ende gefunden.

Anmerkung:
(1) mystery stammt vom mittelenglischen mistere = Gewerbe oder Zunft und hat mit geheimnisvollen Dingen wie etwa Mysterien überhaupt nichts zu tun. „*Mysteries*" waren behördlich anerkannte Zunftorganisationen.

XII. DAS PHÄNOMEN DER MEISTERERHEBUNG

Ein Mensch steht aus seinem symbolischen Grab auf! Wenn er schon kein neues Individuum geworden ist, so doch ein innerlich erneuerter und bereicherter Mann.
Das soll die Erkenntnis des Meisters sein. Die Gleichsetzung mit dem Meister HIRAM im Augenblick des Sterbens und die Erhebung als selbst zum Meister Gewordener, ist einerseits eine Verflechtung in einen kultischen Ritus, wirft andererseits aber sofort die Frage auf: „Was ist in dieser Zeitspanne geschehen?" Wir werden versuchen, die wichtigsten archaisch-anthropologischen Elemente der Meistererhebung herauszulösen und auf ihre Gültigkeit und Eigenart zu untersuchen.

1. DER INITIATIONSRITUS [1]

Aufnahme, Beförderung und Erhebung sind im maurerischen Ritual entsprechend ihrer Bedeutung und symbolträchtigen Struktur allesamt Initiationsrituale. Dazu ist festzuhalten: einen Einweihungsritus kann man nicht lesen und nicht lernen, man muß ihn leben.
Die Initiationsriten gehören zum ältesten Geistesgut der Menschheit; sie lassen sich bis ca. 10.000 v. Chr. nachweisen.
Jeder Initiation liegt die Vorstellung zugrunde, eine Höher- oder Weiterentwicklung des Menschen zu bewirken: seien das Pubertätsweihungen, Stammes- oder Berufsinitiationen, Aufnahmen in religiöse Orden oder Geheimbünde und dgl. mehr. Das Grundmodell des Rituals ist immer gleich und läßt sich in drei Phasen gliedern.
Während der Initiationsriten „*verschwindet*" der Initiant, er wird „*versteckt*", ja er „*stirbt*" oder wird in den Augen der Gemeinschaft „*gewaltsam getötet*". Diesem wichtigen Merkmal des Sterbens folgt eine Wandlung und schließlich die Erneuerung oder Neugeburt. Die Initiation hat also den Charakter eines Übergangsritus – *rite de passage* – dessen Ziel der Übergang in einen neuen Lebensabschnitt ist. Grundlegend und allgemein ist dabei die Auffassung, daß der Mensch das Stadium des Todes durchlaufen muß, um in neuer Gestalt und neuem Geist neu geboren zu werden.
Die verschiedenen Stadien der Riten zeigen überall eine auffallende Ähnlichkeit: Ausschluß der Nichteingeweihten, Absonderung des

Kandidaten, Feier eines Festes, Einkleidung, Verleihung eines neuen Namens, symbolischer Kampf zwischen den Mächten des Lebens und des Todes.

Besondere Bedeutung kommt dem Übergang, dem Wechsel von einer Gruppe in die andere zu, jener Phase, in welcher der Mensch *„weder hier noch dort ist"* sich also jenseits der konkreten sozialen Ordnung befindet, in einem sonst nicht zugänglichen Bereich, welcher der Urzeit, den Ahnen oder dem Jenseits verbunden ist.

Die freimaurerische Initiationen sind nach demselben dreiphasigen Grundschema aufgebaut, und keiner von uns wird den Moment der „Erhebung" je vergessen. Die Erlebnisdimension, auf die es ankommt, ist nur durch die eigene innerliche Erfahrung zu vermitteln.

Wenn etwa ein Völkerkundler Einweihungsrituale bei sog. Primitiven beschreibt, so gibt er nur das äußerliche Gerüst einer Handlung wieder, gewissermassen eine Partitur ohne Musik; der esoterische Gehalt muß dem Fremden, auch wenn er sich noch so bemüht, fremd bleiben. Dies gilt vor allem für die „Relativierung des Todes" im Ritual. Man denke nur an das ägyptische Totenbuch, worin steht: *„Du stirbst, damit du lebst. Du schläfst, damit du aufwachst"*. Ideen dieser Art haben offensichtlich die Einweihungsriten von der Altsteinzeit bis in die Gegenwart dramatisiert und in den Brennpunkt des esoterischen Gedankengutes gestellt.

2. DER REINKARNATIONSRITUS

In der Geisteswelt der Freimaurer ist jeder neue Meister, der symbolisch aus dem Grab emporgehoben wird, der wiedergeborene HIRAM des Tempelbaues. Demnach handelt es sich um einen typischen Reinkarnationsritus. Der Sinn ist allerdings nicht das *„Zweimalgeborenwerden"*, sondern die Auferstehung in ein höheres Leben. Es ist ein ursemitischer Glaube der Phönizier, Juden und Araber, daß der Tod nur die vorübergehende Auswanderung der Seele aus dem Körper bis zur Auferstehung der Toten in den alten Leibern sei. Daher war eine besondere Bewahrung des Leichnams notwendig; nichts durfte beschädigt werden, eine Verbrennung kam nicht in Frage, die anatomische Sektion war verboten. Daß für strenge Christen ein Auferstehungsritual ohne den von den Toten auferstandenen Jesus nur mit Reserve betrachtet werden muß, ist naheliegend.

Daher wurde auch versucht, HIRAM in religiös betonten Versionen der Sage eines natürlichen Todes sterben zu lassen. Beispiele dafür

sind die 2. Auflage der Konstitutionen von James Anderson von 1738 und die sogenannte Yorker-Urkunde, eine ursprünglich als wesentlich älter ausgegebene Fälschung aus der zweiten Hälfte des 18. Jahrhunderts. In diesen beiden intensiv christlich ausgerichteten Schriften steht *„daß bald nach der glücklichen Vollendung des Tempelbaues der vortreffliche Meister HIRAM starb. Man begrub ihn vor dem Tempel, und von allen wurde er betrauert. So verbreitete sich die an diesem heiligen Gebäude zu Jerusalem angewendete vortreffliche Baukunst."* Kein Wort von Mord, Verstecken und Wiederauffinden der Leiche, sowie von den nekromantischen Aufhebungs- und Belebungsversuchen.
Riten und Symbole der Überwindung des leiblichen Todes sind jedoch kein Privileg des Christentums, sondern in vielen alten Kulturen vorhanden. Dies wurde an Beispielen diverser Vegetationsgottheiten bereis erläutert (siehe Seite 69).
Eine Reinkarnation ist eine Wiedereinkörperung in gewisser Zeit nach dem Tod; damit ist die Seele gemeint, welche daher als existent vorausgesetzt wird. Die Vereinfachung dieser etwas umständlichen Definition in „Wiedergeburt" ist erlaubt.

Ein mystisch-simulierter Tod ist in allen altertümlichen Einweihungsriten der erste Schritt zu einem neuen Leben auf höherer Ebene, denn der Mensch findet keinen Zugang zur Erhöhung, wenn er nicht vorher auf einer niedrigeren Ebene *„stirbt"*.
Auch der maurerische 3. Grad führt durch den Tod hindurch. Ein vielzitiertes Beispiel für analoge Riten, welche in der katholischen Kirche bis in die Neuzeit erhalten blieben, ist die Mönchsweihe in den verschiedenen Orden. Vor allem das Benediktiner-Ritual wird immer angeführt:
Der Profeß legt sich auf ein schwarzes Tuch, die mystische Gruft genannt, und wird mit einem Bahrtuch bedeckt. Brennende Kerzen sowie die Totenglocke simulieren ein Totenamt; dabei stehen die Ordensbrüder in schwarzen Gewändern Spalier. Nach der Aufforderung: *„Surge qui dormis... Stehe auf, der du schläfst und stehe auf von den Toten, so wird dich Christus erleuchten"*, erhebt sich der Novize, schreitet zum Altar und empfängt die Kommunion.

Die Ähnlichkeit ist verblüffend, man darf aber nicht vergessen, daß es sich bei allen symbolischen Auferweckungszeremonien um uraltes Kulturgut handelt. Der Sinngehalt ist in allen Varianten gleich – den Übergang in ein neues gereinigtes Leben darzustellen. Inwieweit

kirchliche Gebräuche die freimaurerischen Ritualhandlungen beeinflußt haben, ist nicht bekannt, wenn auch die Möglichkeit gewisser Zusammenhänge nicht ausgeschlossen werden kann.
Man darf aber auch die entscheidenden Unterschiede nicht außer acht lassen. Der Mönchsweihe fehlt das wichtigste Element der HIRAM-Erzählung, die gewaltsame Tötung des Meisters. Der junge Mönch wird weder bedroht noch erschlagen, er legt sich freiwillig auf das Leinentuch. Weiter ist sowohl im Sinne der Erzählung wie auch in der rituellen Dramaturgie der HIRAM-Geschichte die Symbolik eine ganz andere. Der HIRAM der Freimaurerei ist kein Geistlicher und schon gar nicht von Gott berufen, sondern ein Mensch, und auch wir werden als Angehörige eines Weltenbundes ohne Gelübde und Ordensregeln erhoben. Die Traditon besteht in der Mitteilung des Meisterwortes. Auf die Frage, was das bedeutet, lautet die Antwort: *„Der Geist wirkt weiter!"*
Nicht das Leben nach dem Tod, nicht die biologische Abfolge von Geburt, Leben, Tod und Wiedergeburt stehen im Mittelpunkt des rituellen Geschehens, sondern das *„Stirb und Werde"* einer geistigen Neuorientierung.

Bei der Thematik der Reinkarnation muß aber noch auf das Bienensymbol verwiesen werden. Die Biene steht in allen bekannten symbolhaltigen Überlieferungen für Wiederauferstehung und Wiedergeburt aus Tod und Verwesung. Anderseits sind Biene und Bienenkorb typische freimaurerische Symbole. [2] Hier besteht eine enge geistige Verbindung zur HIRAM-Sage.
Da im Alten Testament fast alle Motive der Menschheitsgeschichte zu finden sind (wenn man sich nur die Mühe macht und danach sucht), so lesen wir in 1. Könige 17, 17 - 24 folgende Geschichte:
„Der Sohn einer Witwe war so schwer erkrankt, daß zuletzt kein Atem mehr in ihm war. Der Prophet Elija half. Er legte sich dreimal über den Toten und rief Gott an. Das Leben kehrte zurück und Elija gab ihn seiner Mutter zurück."
Im Religiösen wird die Wiederbelebung immer auf das alleinige Einwirken Gottes zurückgeführt.
In der Freimaurerei sehen wir die Dinge anders. Im maurerischen Ritual ist es die Gemeinschaft der Bruderliebe, die das Wunder der Auferweckung und Aufhebung zu einem neuen Leben bewirkt. Die Kette wird dadurch enger geschlossen.

3. DIE INDIVIDUATION

Unter Individuation verstand der Schweizer Psychologe Carl Gustav Jung (1875 - 1961) einen natürlichen, unbewußt verlaufenden Reifungsprozeß jedes Lebewesens: eine Schicksals- und Persönlichkeitsentfaltung, eine Bewußtseinserweiterung. *„Werde der, der du bist"* lautet die Forderung; die Mitte zu finden, sich selbst bewußt zu werden, ist das Ziel. Vertiefte Selbsteinsicht und Menschenkenntnis, Erweiterung der Persönlichkeit, die auch als Vorbereitung auf den Tod gelten mag, sind die Folgen.
Beim Individuationsprozeß handelt es sich immer auch um das Absterben und Abwerfen von bereits Überholtem, Überwundenem. Die Bewußtseinserweiterung erfolgt durch Bilder, durch Symbole, also Sinn-Bilder. Gelingt es, den Sinn der geschauten Bilder zu fassen, geschieht eine Wandlung. Das ist die Berührungsstelle zwischen der Psychologie der Individuation und der freimaurerischen Entwicklung zum Meister. Ritual und Symbol wirken über das Unbewußte – nennen wir es Eindruck und Gefühl -, um in der Folge das Bewußtsein zu ändern.

4. DER TOD

Die Freimaurerei bringt dem Tod im Meisterritual einen Ernst entgegen, der sich mit jeder Philosophie und Religion messen kann. Aber es wird auf dogmatische Sinnzuweisungen und Heilsversprechungen verzichtet; Gedanken an eine metaphysische Belohnung guter Taten im Jenseits sind genauso fremd wie Vergeltung und Rache. Da eine letzte Gewißheit unmöglich ist, bleibt jeder Weg und jede Vorstellung offen.
Das Leben der Philosophen besteht im Nachdenken über den Tod, und die wahrhaftigen Philosophen arbeiten, wie Platon schreibt, nur daran, sich auf den Tod vorzubereiten. Genau das lehrt der 3. Grad. Die Beschäftigung mit Sterben, Tod und Jenseits reicht in die Frühzeit der Menschheit zurück und macht eines der Hauptmerkmale des Homo sapiens aus.
Drei quälende Probleme erscheinen immer wieder im Zusammenhang mit dem Tod.
1. Die meisten fürchten den Tod, doch das ist töricht. Das, was gewiß eintritt, erwartet man; nur Ungewisses hat man zu befürchten – dies erklärte schon Seneca. Die wichtigste Stufe der geistigen Entwicklung ist die Erkenntnis der Stellung des Menschen in der Natur: wir stehen

in einem Kreislauf, ohne Sterben kein Leben! Dieser Kreislauf befiehlt, daß unsere Kinder und Kindeskinder sich nur dann entfalten können, wenn die vorherigen Generationen weichen. Wir sollten anstatt *"Leben führt zum Tod"* vielmehr denken *"Tod ermöglicht neues Leben"*.
Daher ist jedes Hadern über die Vergänglichkeit des materiellen Seins lediglich Ausdruck einer nicht voll erreichten geistigen Reife.

2. Viele sagen, nicht der Tod ist das Furchtbare, sondern das Sterben, die Schmerzen, die Verzweiflung. Hier hat der Arzt seinen Platz: wenn im Mittelpunkt unseres Interesses der Mensch steht, so auch das Leben. Was hier angedeutet wird, ist *"Ehrfurcht vor dem Leben"*.

Zwei Gedichte zeigen besser als der Versuch gelehrter Worte, wie ungerecht das Sterbensschicksal sein kann und wie die Wünsche des Menschen sind.

Ein Hund
der stirbt
und der weiß
daß er stirbt
wie ein Hund
und der sagen kann
daß er weiß
daß er stirbt
wie ein Hund
ist ein Mensch.

Erich Fried (1921 - 1988) aus den *"Warngedichten"* 1964.

Der Apotheker, Maler und Poet Carl Spitzweg (1808 - 1885) äußerte seinen Wunsch in dem Vierzeiler *"Epilog"*.

Oft denk' ich an den Tod, den herben,
Und wie am End' ich's ausmach'?!
Ganz sanft im Schlafe möcht' ich sterben -
und tot sein, wenn ich aufwach'!

3. Letztendlich hat der Mensch auch Angst davor, völlig zu verschwinden und ausgelöscht zu sein. Das Wort vom *"ewigen Andenken"* ist ja meist nur eine Phrase des aktuellen Anlasses.

Wir müssen daher während des Lebens unsere Gesinnung auf gemeinnützige Werke, Wahrhaftigkeit und Humanität sowie eine ausgeglichene Seelenverfassung lenken. Gelingt uns darüberhinaus, eine Vorbildfunktion einzunehmen, so ist das Ziel erreicht – *„er lebt im Sohne"*.
Folgen wir dem kategorischen Imperativ der Ethik: Handle so, daß die Wirkungen deiner Taten verträglich sind mit dem Fortbestand echt humanen Lebens auf Erden.
Dieser Schritt von der Gesinnungs-Ethik zur Ethik der Folgewirkungen ist wesentlich.

Und damit kehren wir zurück zum Ritual des 3. Grades (A. F. A. M. v. Deutschland), wo wir ein Wechselgespräch hören:

„Ich ging durch die Pforte des Todes und gewann neues Leben."
„Worauf deutet dies hin?"
„Daß allem Lebendigen Unsterbliches innewohnt."

Nur mit dem Tod vertraut leben zu können, bedeutet, das Leben zu meistern. Die maurerische Lebenshilfe dazu hören wir im Ritual der Erhebung (GL v. Österreich):

„Der Freimaurer soll den Tod nicht fürchten, sondern gelassen seiner stets gegenwärtig sein. Möge der Maurer, wenn die letzte Stunde, die Stunde der Wahrheit gekommen ist, auf gute Arbeit und ein erfülltes Leben zurückblicken können. Darum soll er sich während seines ganzen Lebens auf den Tod vorbereiten."
„Denk an den Tod."
„Im Anblick des Todes erweist sich des Meisters Stärke."

5. DIE FÜNF PUNKTE DER MEISTERSCHAFT

Dieses Element der Meistererhebung wird mit Recht als besonders bedeutsam und von tiefem Sinn erfüllt herausgestellt; die Interpretation ist jedoch nicht befriedigend gelöst.
Sicherlich hat die Fünfzahl symbolischen Charakter; es ist die Zahl des Lebendigen, aber auch des Magischen. Da der Mensch nach altem Glauben nur aus vier Elementen besteht, hat man als eigentlichen Lebensträger ein fünftes geheimes Element zugefügt, die *„quinta essentia"*. Ursprung und Auslegung der fünf Punkte der Meister-

schaft können hier nur an einigen Beispielen angedeutet werden. Es wäre völlig falsch, das Erleben im Ritus zu zerreden.
In den Katechismen wird vom Symbol der vollkommenen Freundschaft gesprochen, denn die Freimaurerei ist ja daraufhin angelegt, Menschen miteinander zu verbinden. Wo des einen Kraft nicht ausreicht, da soll nicht nur die Hand des Bruders unterstützen. Der vollkommene Meistergriff wird nur einmal angewendet, nur in dieser brüderlichen Umarmung kann das neue Meisterwort mitgeteilt werden.

Ursprünglich scheinen die „Fünf Punkte" auf eine Anweisung zurückzugehen, wie ein vom Baugerüst Gestürzter aufzuheben sei. Dies ist durchaus glaubhaft; das war damals lebenswichtig und nur den Eingeweihten der Kunst vorbehalten. Es fällt auf, daß eigentlich nur besonders exponierte Körperstellen berührt werden: F. g. F., K. g. K., H. i. H., B. g. B., u. d. l. H. u. d. N. d. Br. Ob dies Regionen andeuten sollen, welche besonders Verletzungen ausgesetzt sind oder vielleicht gar solche Körperteile gemeint sind, wo ein verwesender Leichnam sich zuerst in seine Teile trennt, ist nicht zu entscheiden.
Auch wird diskutiert, ob das Motiv der Zerstückelung und Zusammensetzung (z. B. Osiris, siehe Seite 69) im Symbol der F. P. d. M. zu erkennen sei.
Der letzte der „Fünf Punkte", d. l. H. u. d. N. d. Br. könnte auch eine ganz andere Sinndeutung ergeben. Dazu kehren wir nochmals in das Alte Testament zurück.
Deuteronomium 21, 1 - 7: *Der Mord durch einen unbekannten Täter* [3]. *Wenn in dem Land, das der Herr, dein Gott dir gibt, damit du es in Besitz nimmst, einer auf freiem Feld ermordet aufgefunden wird, und man nicht weiß, wer ihn erschlagen hat, dann sollen deine Ältesten und Richter hinausgehen und feststellen, wie weit die Städte ringsum von dem Ermordeten entfernt sind.*
Wenn feststeht, welche Stadt dem Ermordeten am nächsten liegt, sollen die Ältesten dieser Stadt eine junge Kuh aussuchen, die noch nicht zur Arbeit verwendet worden ist, das heißt, die noch nicht unter dem Joch gegangen ist.
Die Ältesten dieser Stadt sollen die Kuh in ein ausgetrocknetes Bachtal bringen, wo weder geackert noch gesät wird. Dort sollen sie im Bachbett der Kuh das Genick brechen.
Dann sollen die Priester, die Nachkommen Levis, herantreten; denn sie hat der Herr, dein Gott, dazu ausgewählt, vor ihm Dienst zu tun und im Namen des Herrn den Segen zu sprechen. Nach ihrem Spruch soll jeder Rechtsstreit und jeder Fall von Körperverletzung entschieden werden.

Alle Ältesten dieser Stadt sollen, weil sie dem Ermordeten am nächsten sind, über der Kuh, der im Bachbett das Genick gebrochen wurde, ihre Hände waschen.
Sie sollen feierlich sagen: Unsere Hände haben dieses Blut nicht vergossen, und unsere Augen haben nichts gesehen.
Das Prinzip des „*Toten mit dem unbekannten Täter*" ist folgendes. Ein Mensch stirbt, und man weiß nicht, warum; es muß aber eine Ursache geben. Man begreift die Ursache nicht, fragt sich, wo man sie suchen soll und kommt so in die nächstgelegene Stadt. Von da an weiß man nicht weiter.
Die Ursache dieser Unkenntnis ist, daß man in der Welt der Form und des Leibes lebt, die Welt des Wesentlichen jedoch verborgen bleibt. Die Ältesten, die Führer, sind schuld an dieser Unwissenheit, sie hätten für eine Verbindung zwischen Gestalt und Sinn, zwischen mechanischem Körper und geistiger Erkenntnis sorgen müssen. Dann hätten sie sagen können, was dieser Tod ist und warum er ist.
Die kabbalistisch-chassidische Bibelauslegung sagt, daß der bewegliche Nacken zugleich Trennung und Verbindung zwischen Leib (Rumpf) und Seele (Kopf), zwischen Erscheinung und Wesen ist. Darin besteht die ausgleichende Harmonie der Gegensätze.
Ist der Nacken jedoch „*hart*", so bedeutet dies, daß kein Unterschied zwischen Kopf und Rumpf besteht, daß eine starre Bewegungslosigkeit zwischen Geist und Körper dort vorhanden ist, wo eine bewegliche Harmonie sein sollte.
Im gleichen Sinne spricht man ja auch vom hartnäckigen Menschen: er will in starrer Unbelehrbarkeit zu seinem Ziel kommen, halsstarr und stur, nicht erkennend, daß er so niemals zu Harmonie und Erkenntnis vordringt. Daher muß symbolisch der Nacken gebrochen werden, um sichtbar zu machen, was die Ursache des Nichtwissens ist – nämlich die Unfähigkeit, durch Flexibilität des Nackens als Kupplung zwischen Kopf und Rumpf aus den Gegensätzen eine Harmonie zu machen. Man soll mit dem alten Weg brechen, ist der Kern der Aussage, und gerade bei einem Initiations- und Reinkarnationsritual könnte der Fünfte Griff der fünf Punkte der Meisterschaft dieses alte mythische Relikt symbolisieren. Daß dies in völligem Gegensatz zur herrschenden „Lehrmeinung" steht, ist mir bewußt, jedoch erscheint dieser Gedanke mitteilenswert.

Anmerkungen:

(1) Initium (lat.), Eintritt, Anfang; man übersetzte damit auch das griechische myesis, den Akt des Augenschließens bei einer Weihehandlung.

(2) In der Bedeutung des Fleißes, der Beharrlichkeit, der harmonischen Arbeit und Freundschaft, der Treue und Klugheit.

(3) War der Mörder nicht bekannt, dann konnte die Blutrache sich gegen jeden Menschen aus der nächstliegenden Stadt richten. Durch die hier vorgeschriebene rechtlich-rituelle Aktion befreite sich die Stadt von dieser Bedrohung.

XIII. VOM GEIST, DER UNS ERFÜLLT

Das Dilemma mit der HIRAM-Sage besteht darin, daß eine uralte Tradition, die in den Bereich von Mythos und Magie hineinreicht, mit einer viel jüngeren, ja modernen rituellen Organisationsform in Einklang zu bringen ist. Hier kam nun ein psychologisch begründeter Mechanismus in Gang, der Versuch nämlich, durch Errichten einer lückenlosen Kontinuität bis zu den ältesten geistigen Vorfahren eine geschichtliche Deszendenz zu beweisen. Es sollte eine Legitimierung durch Historisierung einer eigentlich unübersichtlichen Überlieferung erfolgen.

Bei der Wahl der Methoden war man nicht zimperlich; alles wurde nur geleitet von dem Bestreben nach Glaubwürdigkeit. Biblische Gestalten wurden durcheinandergebracht, ältere Überlieferungen durch jüngere Ergänzungen erweitert, Ideen oft umgewandelt. Durch das Sendungsbewußtsein der *„Eingeweihten"* und durch den Abwehrkampf gegenüber Gegnern ist es verständlich, zu trachten, die *„Geheimgesellschaft"* auf eine feste historische Basis zu stellen. Dieser *„Nachweis der Urgründe"* führte aber manchmal zu kurioser Geschichtsklitterung und endete zwangsläufig in einer selbstinszenierten Unglaubhaftigkeit. Das ist die wissenschaftliche Realität.

Es ist kein Rückzug in die Esoterik. Die Bibel ist kein datensicheres Geschichtswerk, und wir sind nicht dazu da, historische Fakten zu systematisieren. Der Sinn liegt ganz woanders:

Je tiefer man die maurerische HIRAM-Erzählung betrachtet, desto harmonischer stellt sich ein ganz besonderes Gebäude von Symbolen dar. Das Geheimnis der Freimaurerei und der HIRAM-Sage ist, daß für jeden bloß der Geist darinliegt, den er selbst hineinzulegen vermag.

Wir konnten in dieser Schrift viele Bausteine zusammentragen, ohne jedoch ein geschlossenes Mosaik zusammenfügen zu können. Dies aber ist der Schlüssel zum Verständnis. Wenn wir in der HIRAM-Geschichte eine historische Wahrheit finden wollen, so suchen wir vergeblich. Sind wir aber imstande, symbolische Weisheiten zu entschlüsseln, so kann jeder den für sich selber zutreffenden Sinn herauslesen.

Denn: *„Alle Suchenden sind Erwartete"*. (Ludwig Reeg, geb. 1866)

DER AUTOR

Dr. med. Hans Bankl, geb. 1940 in St. Pölten (Niederösterreich), ist Universitätsprofessor für Pathologische Anatomie und Gerichtssachverständiger. Seit Beginn seiner beruflichen Laufbahn sammelt er Außergewöhnliches aus der Medizingeschichte: Obduktionsprotokolle, Krankengeschichten und Todesursachen historischer Persönlichkeiten. Drei Bücher mit medizinhistorischen Biographien sind daraus entstanden.
Br. Bankl ist Mitglied der Loge „Kosmos" im Or. Wien sowie der Forschungsloge „Quatuor Coronati". Sein Interesse gilt der Ideengeschichte der Freimaurerei, der Symbolik und Ritualistik.

Quellenverzeichnis und Literaturangaben

ABDULLAH, M. S.: Die Große Legende vom Tempelbau. Spuren der Freimaurerei in der islamischen Tradition und Legende.
Eleusis 28. Jg. 319 (1973).

ALLGEMEINES HANDBUCH DER FREIMAUREREI. Dritte Auflage von Lennings „Encyklopädie der Freimaurerei".
Erster Band.
M. Hesse, Leipzig 1900.

ANDERSON, J.: The Constitutions of the Free-Masons.
Containing the History, Charges, Regulations, etc. of that most Ancient and Right Worshipful Fraternity.
For the use of the Lodges.
W. Hunter, London 1723.

ANDERSON, J.: The Constitutions of the Free-Masons.
London 1723 (Erste Auflage)
Bauhütten Verlag, Münster 1989.

ANDERSON, J.: The new book of Constitutions of the Antient and Honourable Fraternity of Free and Accepted Masons.
C. Ward and R. Chandler, London 1738.

ANDERSON, J.: Neues Konstitutionen-Buch Der Alten Ehrwürdigen Bruderschafft der Frey-Maurer, worin die Geschichte, Pflichten, Reguln etc. derselben, auf Befehl der Grossen Loge aus ihren alten Urkunden, glaubwürdigen Traditionen und Loge-Büchern, zum Gebrauch der Logen verfasset worden.
Aus dem Englischen übersetzt.
Andreäische Buchhandlung, Frankfurt 1743.
(Beigebunden: S. Prichard, Die zergliederte Frey-Maurerey).

BAIGENT, M. und R. LEIGH: Der Tempel und die Loge. Das geheime Erbe der Templer in der Freimaurerei.
G. Lübbe, Bergisch Gladbach 1990.

BARTHEL, M.: Was wirklich in der Bibel steht.
Econ, Düsseldorf 1990.

BARTHEL, M.: Die Königin von Saba. Geschichte oder Legende?
Damals. Das Geschichtsmagazin.
Heft 10, 850 (1990).

BAURNJÖPEL, J.: Grundlinien eines eifrig arbeitenden Freimaurers.
Eine Wiener Freimaurerhandschrift aus dem 18. Jahrhundert.
Herausgegeben und transkribiert von Friedrich Gottschalk.
ADEVA, Graz 1986.

BEYER, R.: Die Königin von Saba. Engel und Dämon. Der Mythos einer Frau.
Lübbe, Bergisch-Gladbach 1987.

BIBEL in Wort und Bild.
Altes und Neues Testament in neuer Einheitsübersetzung. 10 Bände.
Hrsg. v. G. Stemberger und M. Prager.
Andreas Verlag, Salzburg 1980.

BIBLIA SACRA VULGATAE EDITIONIS.
Tomus primus.
F. Pustet, Regensburg 1910.

BIEDERMANN, H.: Das verlorene Meisterwort. Bausteine zu einer Kultur- und Geistesgeschichte des Freimaurertums.
Böhlau, Graz 1986.

BIEDERMANN, H.: Sagaheim. Verborgene Weisheit in alten Märchen.
Droemer-Knaur, München 1990.

BEN GORION, M. J.: Sagen der Juden zur Bibel.
Insel, Frankfurt 1980.

BOOS, H.: Geschichte der Freimaurerei.
Sauerländer, Arau 1906.

BRACHVOGEL, K. H. W.: Von verlorenen und gefundenen Wörtern.
Eleusis, 35. Jahrgang 99 (1980).

BRÜCK, D.: Hiram und der Vierte Grad.
Eleusis, 28. Jahrgang, 361 (1973).

BUBER, M.: Zur Verdeutschung des letzten Bandes der Schrift.
J. Hegner, Köln 1962.

BÜHLER-OPPENHEIM, K.: Die Initiation.
Ciba-Zeitschrift 9, 3690 (1946).

CLARKE, A. C.: Die andere Seite des Himmels.
Goldmann, München 1965.

DAS ALTE TESTAMENT in der Einheitsübersetzung der Heiligen Schrift.
Katholische Bibelanstalt, Stuttgart 1980.

DIE BIBEL oder die ganze Heilige Schrift nach der deutschen Übersetzung D.
Martin Luthers.
Privileg. Württ. Bibelanstalt, Stuttgart 1934.

DESCH, E.: Meister Hiram.
Eleusis 33. Jg. 181 (1978).

DÜHRSEN, H.: Über die Entstehung der Hiramlegende
Quatuor Coronati Jahrbuch, 153 (1987).

ELIADE, M.: Das Mysterium der Wiedergeburt. Versuch über einige Initiationstypen.
Insel Verlag, Frankfurt 1988.

ENDRES, F. C.: Die Symbole des Freimaurers.
Bauhütten Verlag, Münster 1990.

ERLER, M.: Die große Legende vom Tempelbau. Ein Vergleich mit alten Quellen.
Ora, München 1969.

FEDDERSEN, K. C. F.: Constitutionen.
Matthiesen Verlag, Husum 1989.

FESSLER, I. A.: Kritische Geschichte der Freimaurerei und der Freimaurerbrüderschaft von der ältesten Zeit bis auf das Jahr 1812.
Nur als Manuskript vorhanden.

FINDEL, J. G.: Der Salomonische Tempelbau und die Geschichte der Freimaurerei (1868).
In: J. G. FINDELS Schriften über Freimaurerei. 5. Band: Vermischte Schriften.
Sändig Reprints, Vaduz 1986.

FOHRER, G.: Vom Werden und Verstehen des Alten Testaments.
Gütersloher Verlagshaus G. Mohn, 1986.

FRAZER, J. G.: Der goldene Zweig. Das Geheimnis von Glauben und Sitten der Völker.
Rowohlt, Reinbek 1989.

FRICK, K. R. H.: Die Erleuchteten.
Gnostisch-theosophische und alchemistisch-rosenkreuzerische Geheimgesellschaften bis zum Ende des 18. Jahrhunderts – ein Beitrag zur Geistesgeschichte der Neuzeit.
ADEVA, Graz, 1973.

FRICK, K. R. H.: Licht und Finsternis.
Gnostisch-theosophische und freimaurerisch-okkulte Geheimgesellschaften bis an die Wende zum 20. Jahrhundert.
Teil 1: Ursprünge und Anfänge.
Teil 2: Geschichte ihrer Lehren, Rituale und Organisationen.
ADEVA, Graz, 1975 und 1978.

FRICK, K. R. H.: Das Reich Satans, Satan und die Satanisten.
Bd. 1 - 3.
ADEVA, Graz 1982 - 1988.

GESENIUS, W.: Hebräisches und aramäisches Handwörterbuch über das Alte Testament.
F. C. W. Vogel, Leipzig 1921.

GIEBEL, M.: Das Geheimnis der Mysterien. Antike Kulte in Griechenland, Rom und Ägypten.
Artemis, Zürich 1990.

GIEZENDANNER, H.: Vom verlorenen Wort.
Eleusis, 45. Jahrgang, 71 (1990).

GRIMM, J. u. W.: Deutsches Wörterbuch.
dtv. München 1984.

GRIMM, J. u. W.: GRIMM: Kinder- und Hausmärchen.
Harenberg, Dortmund 1986.

GROSSER, G.: Legenden in der Freimaurerei. Gedanken über die Hiramlegende.
Eleusis 40. Jg., 313 (1985).

GUTSCHE, K. H.: Zum Todes des Meisters.
Eleusis 30. Jahrgang, 198 (1975).

HECKETHORN, Ch. W.: Geheime Gesellschaften, Geheimbünde und Geheimlehren.
Deutsche Ausgabe von Leopold Katscher,
Ringer, Leipzig 1900.

HORNE, A.: King Salomon's temple in the masonic tradition.
Aquarian Press, Wellingborough 1972.

HORNEFFER, A.: Die Katechismen der Meister.
Akazien Verlag, Hamburg 1961.

JOSEPHUS, F.: Jüdische Alterümer.
Fourier, Wiesbaden 1983.

KANNER, I. Z.: Jüdische Märchen.
G. Fischer, Frankfurt 1990.

KELLER, W.: Und die Bibel hat doch recht. Forscher beweisen die historische Wahrheit.
Rowohlt, Reinbek 1989.

KELLER, W.: Und die Bibel hat doch recht; in Bildern.
Rowohlt, Reinbek 1989.

KELSCH, W.: Der Salomonische Tempel - Realität - Mythos - Utopie.
Quatuor Coronati Jahrbuch Nr. 19, Bayreuth 1982.

KESSLER, H.: Hiram und das verlorene Wort – Das Ritual des III. Grades.
Tau I/87, 57.

KESSLER, H.: Was ist und was will der Schottische Ritus?
In: Der Schottische Ritus: Ein Gang durch die Grade des A. : A. : S. : R. :
Hrsg. v. H. KESSLER
Selbstverlag des DOR der FM des AASR.
Frankfurt a. Main 1979.

KORAN, Das heilige Buch des Islam.
Nach der Übertragung von Ludwig Ullmann, neu bearbeitet und erläutert von Leo Winter.
W. Foldmann, München 1959.

KRAFFERT, W.: Das mythologische Motiv von Zerstückelung und Zusammensetzung und das Symbol der „Fünf Punkte der Meisterschaft."
Tau II/89, 56.

KRAUSE, K. CH. F.: Die drei ältesten Kunsturkunden der Freimaurerbrüderschaft, mitgetheilt, bearbeitet und in einem Lehrfragstück verurgeistiget.
Band 1 und 2 (1849).
Sändig Reprints, Vaduz 1986.

KUESS, G. R.: Die Vorgeschichte der Freimaurerei im Lichte der englischen Forschung.
Die „Blaue Reihe" Nr. 11.
Akazien Verlag, Hamburg, o. J.

LEHRGESPRÄCHE III. Katechismus der Meister nach dem Ritual der GL A. F. u. A. M. v. D.
Bauhütten Verlag, Münster 1985.

LENNHOFF, E. und O. POSNER: Internationales Freimaurer-Lexikon.
Unveränderter Nachdruck der Ausgabe 1932.
Amalthea, Wien 1980.

LINDNER, D.: Geheimbünde Europas.
hpt-Verlagsgesellschaft, Wien 1988.

LOBKOWICZ, P. F.: Die Legende der Freimaurer.
Bauhütten Verlag, Hamburg 1971.

LUDENDORFF, M.: Der ungesühnte Frevel an Luther, Lessing, Mozart und Schiller. Ein Beitrag zur Deutschen Kulturgeschichte.
Ludendorffs Verlag, München 1936.

LURKER, M.: Götter und Symbole der alten Ägypter.
W. Goldmann, München 1981.

LURKER, M.: Wörterbuch der Symbolik.
A. Kröner, Stuttgart 1988.

MANDEL, G.: Das Reich der Königin von Saba.
Droemer Knaur, München 1978.

MARTIN, A.: Initiation.
Eleusis 45. Jahrgang 86 (1990).

MARTIN, A.: Initiation. Acht Arbeitshypothesen.
Eleusis 46. Jahrgang 42 (1991).

MÖLLER, D.: Die Londoner Großloge von 1717. Vorgeschichte und Geschichte ihrer Gründung.
Quatuor Coronati Hefte Nr. 5, 32.
Bauhütten Verlag, Frankfurt 1968.

NARDINI, B.: Mysterien und Geheimlehren.
Aurum Verlag, Braunschweig 1990.

NERVAL, G. de: Reise in den Orient.
Winkler, München 1986.

NICOLAUS, H.-J.: Die Legende vom Bau des Salomonischen Tempels.
Eleusis 30. Jg. 121 (1975).

NITSCHE, E.: Das Mysterienspiel von der Erschaffung der Welt und dem Werden des Menschen im freimaurerischen Ritual.
Akazien Verlag, Hamburg 1966.

NOORTHOUCK, J.: Constitutions of the antient Fraternity of free and accepted Masons; containing etc. First compiled by Order of the Grand Lodge, by James Anderson. A new Edition revised, enlarged, and brought down to the year 1784.
J. Rozen, London 1784.

PAULS, A.: Entstehung, Ursprung und Bedeutung des Meistergrades.
Bauhütten Verlag, Frankfurt o. J.

PEUCKERT, W. E.: Geheimkulte.
G. Olms, Hildesheim 1988.

PFLANZL, M.: Johannes und Hiram als Mysteriengestalten.
Bauhütten Verlag, Frankfurt 1966.

PÖLNITZ, L. P. v.: Vom Reißbrett des Meisters ...
Tau, Nr. 1, 5 (1977).

PRICHARD, S.: Masonry dissected: being a universal and genuine Description of all its Branches, from the original to this present Time. As it is deliver'd in the constituted regular Lodges, both in City and Country, according to the several Degrees of Admission. Giving an impartial Account of their regular Proceeding in Initiating their new Members in the whole Three Degrees of Masonry. Viz. I. Entered Prentice, II. Fellow-Craft, III. Master. To which is added the Author's Vindication of himself.
J. Wilford, London 1730.

PRICHARD, S.: Die zergliederte Freimaurerei, worin eine allgemeine und richtige Beschreibung aller ihrer Aeste von Anfang bis auf gegenwärtige Zeit enthalten, wie solche in den aufgerichteten regulmässigen Logen, sowohl in der Stadt als auf dem Lande nach den verschiedenen Stufen der Aufnehmung verordnet worden als ein unpartheyischer Bericht von ihrem regulmässigen Verfahren bey Einweihung ihrer neuen Glieder in allen drey Stufen der Freimaurerey nämlich 1. zum Lehrling, 2. zum Gesellen, 2. zum Meister. Durch einen Br. Freimr.
Frankfurt und Leipzig 1788.

RANKE-GRAVES, R. v.: Die Weiße Göttin. Sprache des Mythos.
Rowohlts Enzyklopädie, Reinbeck 1988.

RITUAL des 3. Grades (Erhebung) der GL v. Ö.
Manuskript für Brr.: Meister, Wien 1975.

RITUAL III. Der GL AF u. AM v. D.
Bauhütten Verlag, Münster 1982.

ROCHEDIEU, E.: Von der Antike bis zum Mittelalter.
Bd. 1 der Reihe „Die Großen Religionen der Welt".
Fackelverlag, Stuttgart 1981.

SANDMANN, N.: Biene und Bienenkorb. Der Granatapfel.
Freimaurerische Forschungsgesellschaft, Bayreuth 1990.

SAUER, Jr., G.: Der Akazienzweig.
Tau II/89, 51.

SCHAUBERG, J.: Vergleichendes Handbuch der Symbolik der Freimaurerei mit besonderer Rücksicht auf die Mythologien und Mysterien des Altertums.
Fr. Hurter, Schaffhausen 1861.

SCHERPE, W.: Das Unbekannte im Ritual.
3. Auflage, Eigenverlag I. Scherpe,
Braunschweig 1990.

SCHIFFMANN, G. A.: Die Entstehung der Rittergrade in der Freimaurerei um die Mitte des XVIII. Jahrhunderts.
B. Zechel, Leipzig 1882.

SCHMIDT, A.: Der Tod in der symbolischen Freimaurerei.
Tau II/87, 44.

SCHNEIDER, C.: Mysterien.
Wesen und Wirkung der Einweihung.
Bauhütten Verlag, Hamburg 1979.

SCHWARTZ-BOSTUNITSCH, G.: Die Freimaurerei. Ihr Ursprung, ihre Geheimnisse, ihr Wirken.
A. Duncker, Weimar 1933.

SELTER, G.: Das verlorene Wort.
Eleusis, 30. Jahrgang, 190 (1975).

SIGNATSTERN, der, oder die enthüllten sämmtlichen 7 Grade der mystischen Freimaurerei nebst dem Orden des Magus oder Ritter des Lichts; mit allen geheimen Schriftzeichen, mysteriösen Ceremonien, wundervollen Operationen u. s. w. für Maurer und die es nicht sind.
Zweiter Band, Dritte Auflage.
J. Scheible, Stuttgart 1866.

STEPHENSON, G.: Leben und Tod in den Religionen. Symbol und Wirklichkeit.
Wissenschaftl. Buchgesellschaft, Darmstadt 1980.

SUDHOFF, H.: Sorry Kolumbus. Seefahrer der Antike entdecken Amerika.
Lübbe, Bergisch Gladbach 1990.

TROELTSCH, E.: Die Hiram-Legende.
Manuskript f. Brr. FM, Krefeld 1946.

VAILLANT, B.: Westliche Einweihungslehren.
Hugendubel, München 1989.

VERGILIUS, P.: Aeneis.
Ph. Reclam, Stuttgart 1989.

VORAGINE, J. de: Legenda aurea.
Ph. Reclam, Stuttgart 1988.

WALZ, K. G.: Das verlorene Wort.
Eleusis, 41. Jahrgang, 107, (1986).

WEIDINGER, E.: Die Apokryphen. Verborgene Bücher der Bibel.
Pattloch, Augsburg 1988.

WEINBERG, F.: Kabbala in der Freimaurerei?
Eleusis 30. Jahrgang, 168 (1975).

WEINREB, F.: Der göttliche Bauplan der Welt. Der Sinn der Bibel nach der ältesten jüdischen Überlieferung.
Origo, Bern 1978.

WOLFENSBERGER, W.: Die Lehre von der Entwicklung der Einzelpersönlichkeit und die freimaurerische Aufnahme.
Bauhütten Verlag, Münster 1986.

ZABERN, Ph. v.: Die Phönizier im Zeitalter Homers.
Verlag Philipp v. Zabern, Mainz 1990.